中国社会科学院金融研究所支付清算研究中心文库

互联网时代的银行卡产业变革

主　编◎杨　涛
副主编◎程　炼　李　鑫　楼国强

The Reform of
Bankcard Industry in
Internet Age

经济管理出版社
ECONOMY & MANAGEMENT PUBLISHING HOUSE

图书在版编目（CIP）数据

互联网时代的银行卡产业变革/杨涛主著．—北京：经济管理出版社，2016.9
ISBN 978 - 7 - 5096 - 4648 - 9

Ⅰ．①互…　Ⅱ．①杨…　Ⅲ．①银行卡—银行业务—研究—中国　Ⅳ．①F832.2

中国版本图书馆 CIP 数据核字（2016）第 237831 号

组稿编辑：宋　娜
责任编辑：宋　娜
责任印制：司东翔
责任校对：雨　千

出版发行：经济管理出版社
　　　　　（北京市海淀区北蜂窝 8 号中雅大厦 A 座 11 层　100038）
网　　　址：www. E - mp. com. cn
电　　　话：(010) 51915602
印　　　刷：三河市延风印装有限公司
经　　　销：新华书店
开　　　本：720mm × 1000mm/16
印　　　张：13.5
字　　　数：204 千字
版　　　次：2016 年 11 月第 1 版　　2016 年 11 月第 1 次印刷
书　　　号：ISBN 978 - 7 - 5096 - 4648 - 9
定　　　价：68.00 元

主要编撰者介绍

2005 年，为适应支付清算理论和实践的发展需要，中国社会科学院批准设立了金融研究所支付清算研究中心，专门从事支付清算理论、政策、行业、技术等方面的重大问题研究。随着 2012 年以来各国对于《金融市场基础设施原则》（PFMI）加快落实，2013 年党的十八届三中全会决定也指出要"加强金融基础设施建设，保障金融市场安全高效运行和整体稳定"之后，支付清算体系在现代金融理论、政策、实践等方面的重要性不断显现，本中心的一系列成果也得到了各方关注和好评。

2015 年 5 月 27 日，"国家金融与发展实验室"经中国社会科学院院务会批准设立。同年 11 月 10 日，中共中央全面深化改革领导小组第十八次会议批准国家金融与发展实验室为国家首批高端智库。根据中央与社科院的安排，"中国社会科学院金融研究所支付清算研究中心"同时被整合成为实验室的下属研究机构，自然地，《中国支付清算发展报告》也成为国家金融与发展实验室的系列年度成果之一。

研究中心的团队由专职研究人员、特约研究员和博士后等组成。主要宗旨是：跟踪研究国内外支付清算领域的前沿问题和动态、支付清算行业发展新状况、法规政策的变化，围绕支付清算体系的改革与发展开展各类学术研究、政策研究，推动支付清算市场的创新活动，通过举办研讨会、开展课题研究、咨询和培训等形式来促进支付清算系统及监管的改革与发展。研究中心每年组织编写

《中国支付清算发展报告》，每月组织编写《支付清算评论》。中心网站：ht-tp：//www. rcps. org. cn/。

杨涛，男，1974 年生，山东淄博人，研究员，博士生导师。现任中国社会科学院金融研究所所长助理、产业金融研究基地主任、支付清算研究中心主任。主要研究领域为货币与财政政策、金融市场、产业金融、政策性金融、支付清算等。主要学术兼职包括：全球共享金融 100 人论坛学术委员会副主任、中国区块链研究联盟主任、微金融 50 人论坛发起人、新供给 50 人论坛成员、文化金融 50 人论坛创始成员、中国投资协会理事、中国保险行业协会学校教育专委会副主任委员、中国人工智能学会智能金融专业委员会常务委员、中国互联网与工业融合创新联盟产业金融工作委员会副主任委员、中国中小商业企业协会特邀顾问、上海金融学院特聘教授、上海现代支付与互联网金融研究中心学术委员会委员、上海海洋大学海洋经济研究中心学术委员会委员。

程炼，男，1976 年生，江西德兴人，经济学博士，研究员。现任中国社会科学院金融研究所《金融评论》编辑部主任、支付清算研究中心副主任。主要研究领域为国际金融、金融地理与金融监管、支付清算等。

李鑫，男，1983 年生，河北石家庄人，现为中国社会科学院金融研究所博士后，同时担任支付清算研究中心副秘书长。主要研究领域为经济发展理论、宏观经济理论、支付清算理论与政策。

楼国强，男，1975 年生，浙江东阳人，经济学博士。现为上海财经大学高等研究院副研究员。主要研究领域是激励理论和公共经济学。在《经济研究》、《经济学季刊》、《金融评论》、《数量经济技术经济研究》等刊物发表了关于信息与激励机制设计、地方政府治理等问题的若干学术论文。

前　言

　　目前，随着新技术的快速变革与演进，电子支付逐渐发生了日新月异的创新式发展。无论是卡基的传统电子支付工具，还是网基的新兴电子支付工具，都在发生持续的优化和融合，逐渐深刻改变经济金融的基础设施，影响交易的效率和普通人的生活。可以说，依托于电子支付创新的动力，非现金支付工具将进一步成为零售支付体系的主角，而票据、汇兑等非电子类的非现金支付工具，也会渐渐发生电子化的演变和改造。在一个终将来临的全面数字化时代里，支付将无处不在，并且能够高效、安全、便捷、低成本地满足人们的各类需求。

　　在此背景下，谈到支付工具时，很多人不仅想到网络支付和移动支付，更会想起各种令人"脑洞大开"的支付手段，例如，NFC 支付、蓝牙支付、红外线支付、二维码支付、声波支付、光子支付、指纹支付、虹膜支付、静脉支付等。也有许多人认为，卡基主导的零售支付时代即将结束，我们钱包里现在随处可见的各类"银行卡"，将会迅速地被淘汰和退出历史舞台。然而，对此需要更加理性地认识和看待，因为银行卡仍然是主要的个人支付工具。

　　第一，当前我国的银行卡市场仍然占据了零售支付服务的主流，而且由于我国仍处于电子化的过渡阶段，银行卡依然体现出较好的支付效率与价值，具有巨大的发展空间。据统计，2015 年，全国共发生银行卡交易 852.3 亿笔，同比增长 43.1%，增速提升 17.9 个百分点；金额 669.8 万亿元，同比增长 48.9%，增速提升 42.6 个百分点。特别是个人消费支付领域，银行卡已经成为我国居民消费的重要电子支付工具。2015 年银行卡卡均消费金额为 10106 元，同比增长 17.69%，渗透率已经达到 47.96%。

第二，从人均持卡结构来看，仍然低于全球平均水平，拓展前景仍然令人瞩目。据统计，截至 2015 年末，全国人均持有银行卡 3.99 张，人均持有信用卡 0.29 张，仍远低于欧美国家和韩日等经济体。就持有银行卡的结构来看，也存在许多失衡。如北京、上海信用卡人均拥有量仍远高于全国平均水平；网民等年轻人群体的人均持卡量要远高于平均水平；城市人群的人均持卡量要高于农村。这些都表明，不仅与欧美相比我国银行卡市场有进一步提升的空间，而且从发掘现有银行卡服务的"短板"群体入手，也可以拓展新的"蓝海"业务。

第三，从支付工具的提供主体来看，虽然非金融支付机构在人们的日常消费支付中也扮演着越来越重要的角色，但银行卡的地位仍未动摇。①互联网支付和移动支付依托的基础是银行卡支付，包括通常所见的快捷支付、验证支付和余额支付等。②非金融支付机构处理的支付规模在银行卡支付市场中的占比仍然很小。如 2015 年银行机构处理的"网上支付"交易金额为 2018.20 万亿元，而非金融支付机构处理的"网络支付"交易金额为 49.48 万亿元。③非金融支付机构仍以小额为主，远低于银行机构处理的网络支付笔均交易额。

第四，当前已经进入新的零售支付大变革时代，将呈现"百花齐放"的支付工具发展格局。针对不同的客户需求特点，也有多样化的支付产品存续空间。通俗地讲，即便零售支付工具最终如同"馒头"一般进入日常生活和变得普遍化，那么也还有不同品牌、口味、分量的差异化产品存在。我们知道，由于支付习惯、能力与环境的制约，现金交易在全球仍然是重要支付方式，全面的"无现金"电子化时代仍然遥不可期。作为非现金支付核心的卡基工具，也不可能短期内就被"颠覆"和"替代"，而仍然拥有稳定的需求群体，来维持其不断创新下的新生命力。

第五，在零售支付市场的创新与演变中，传统与新兴电子支付的边界变得更加模糊，线上与线下支付方式不断发生融合。这就意味着，银行卡同样也逐渐进入了"无卡"交易时代，通过及时把握客户对支付便捷、支付新颖性的追求，使自身获得新的生机。例如，银联"闪付"通过"挥卡"的形式实现无须输入密码、无须签名的快速支付。且近期将在斯沃琪最新推出的贝拉米腕表中加载非接支付功能，使得支付载体不断优化。再如，VISA与万事达、美国运通合作推出的令牌技术，使苹果等移动设备能够加入到支付服务中来。令牌技术实际上是一个虚拟账号，与用户所持有的银行卡的主账号相对应，并且与具体的移动设备绑定在一起。长远来看，银行卡产业中的"卡介质"本身变得越来越不重要，关键是背后的资金流、信息流的整合、行业与工具规则的演变、安全与便捷的权衡，能否不断在市场竞争的适应中有所突破。

第六，就整个卡基支付产业来说，还具有两个较大的发展领域。一方面，国外最早的信用卡并非是由银行发行，而是由商场、加油站等实体企业所主导。到现在，虽然银行成为信用卡的主要发行主体，但在以日韩为代表的许多国家中，实体企业发行的信用卡也占据了重要的市场地位。长远来看，我们同样可以在有效控制风险与市场准入的前提下，探索信用卡发行主体的进一步拓宽。另一方面，伴随着人民币国际化和金融市场全球化的演变，未来的零售支付市场的"蛋糕"将不断被做大，无论是短期内的跨境支付需求，还是长期内的海外消费支付需求，都给卡基和网基支付工具发展带来前所未有的机遇。在此过程中，由于银联和各大银行都有一定的海外基础设施布局，因此银行卡支付的业务增长仍值得期待。

第七，网络支付和移动支付的新时代，也带来了许多新的挑战。例如，由于面临更加便捷和开放的支付环境，如果消费者的安全支付习惯没有充分建立起来，则更容易面临资金安全的风险。而在整个支付服务消费者保护机制还不健全的情况下，新兴电子支付的快速发展同样使个人利益保护变得更加迫切，其中也包括非资金范畴的个人信息权益等。同时，以移动支付为代表的电子支付工具创新虽然突飞猛进，但是技术与规则的标准化，还处于"跑马圈地"的起步阶段，这也构成了新兴电子支付发展的制约因素。虽然在银行卡产业发展中也出现了一些风险问题，但是相对而言，其规则标准与约束机制还比较健全，这也使银行卡支付在零售支付市场的发展过渡期仍然有一定的比较优势。

当然，虽然我们认为银行卡产业仍然占据重要地位和拥有发展潜力，但是这并不意味着可以"高枕无忧"，实际上长远来看，银行卡支付工具仍然面临前所未有的挑战。第一，展望未来，网络时代带来的最终变革或许是颠覆性的。零售支付的核心其实都是信息采集与处理、交换，加上货币转移问题，也就是银行账户和支付工具的不同链接模式。支付工具本身的形式是可变化的，未来可能越来越不重要，或许是各种移动终端，甚至可能是电子账户或钱包本身，各类支付工具介质的作用完全可以剥离。由此看来，这些挑战不仅体现在工具层面，而且是背后的清算、结算机制的变革，对于银行卡产业来说，必须未雨绸缪，正视大变革时代的变化趋势。

第二，作为银行卡市场传统主导者的大银行和卡组织，现在也开始面临更加大的竞争压力，将来能否促使整个银行卡产业从"供给驱动"转向"需求拉动"，也是重要的挑战。因为与新兴电子支付相比，银行卡在贴近个人的便捷、新奇、丰富的支付体验，整合多元化的增值服务方面，也还有许多不足之处。因此，能否在做好支付服务的同时，真正依托银行卡打造标准化与定制化的"移动金融精品店"和"移动综合服务超市"，则成为未来银行卡新的核心竞争力来源。

第三，零售支付产业的发展将以合作共赢为主线，开放式大平台建设将成为主流，消费者可以自由选择的多平台体系形成了多层次、立体化的支付服务价值链。因此，现有的银行卡产业主要参与者都必须直面这些变革压力，以技术、制度、理念创新来促发展，努力在未来开放型的支付生态体系建设中占有一席之地。

无论如何，一个新的零售支付大变革时代已经到来，支付已经不仅仅是公共的金融基础设施，近年来，其已经逐步成为商业模式的一部分、市场营销的新手段。利用自身的比较优势，新的"玩家"（如第三方支付、各类手机制造商、电子钱包网络平台等）不断进入支付市场，原有的"玩家"（如商业银行和信用卡）并没有被击退，而是通过技术合作、商业合作等方式，以新的形式（如银行电子钱包）重新回到市场，使得支付行业竞争异常激烈。

在新形势下，银行卡产业的诸多基础理论问题都遭遇重大挑战，对这些理论难点的研究深入与否，直接影响到银行卡产业的健康发展与政策有效性。有鉴于此，支付清算研究中心近年来围绕相关热点难点展开了一系列课题研究，本书便由其中的三篇重要报告组成。

本书由杨涛担任主编，负责组织编写、部分内容撰写、统稿和审定。其中，第一章"支付服务中的委托代理关系研究：基于对信用卡市场的分析"由程炼作为课题负责人，楼国强为主要执笔人；第二章"互联网对银行卡清算模式的冲击和影响"、第三章"关于银行卡产业中平台型经济及定价机制的研究"都由杨涛作为课题负责人，李鑫为主要执笔人。

本书在写作过程中得到了中国银联的大力支持，中国人民银行支付结算司、中国支付清算协会、VISA 公司等也都提供了重要协助，经济管理出版社为本书的出版付出了不懈努力，在此一并表示真挚感谢。

目　录

第一章 支付服务中的委托代理关系研究：基于对信用卡市场的分析

内容摘要：

随着科学技术的浪潮席卷全球，计算机技术、通信技术、互联网等技术的发展，给金融行业带来了深远的影响。互联网的发展与金融创新，特别是支付工具创新密切相关。金融创新一方面降低了社会交易成本，拓宽了选择空间；另一方面也给市场带来了新的风险。互联网经济给支付市场带来了全新的市场特征，即平台经济或者双边市场。双边市场和信息不对称的结合深刻影响着金融市场运作效率和风险，本章从委托代理的视角来讨论支付市场中的效率和风险。

在一些国家和地区，比如韩国和中国台湾，都出现过支付市场（特别是信用卡市场）的泡沫和动荡。其背后的根源在于对于金融创新带来的风险重视不够。银行业监管放松的同时缺乏对信贷市场基础设施的建设。在支付市场竞争中，为吸引顾客，占领市场份额，大力扩张发卡规模，不断放宽申请资格，使得大量的低信用或者低偿付能力的消费者进入信用卡市场。金融市场的信息不对称，使得在竞争环境下，特别是在双边市场中对市场份额的激励竞争中，委托代理产生的信用风险进一步放大。

在理论层面上，本章先从传统的借贷关系出发讨论信用卡委托代理问题。与传统的抵押担保贷款不同，信用卡借贷关系中没有抵押物，此时信用卡发行机构对申请人的资格审查是减少委托代理问题最直接的方式。在信用卡借贷关系中，信用卡的利率引起的信贷配给问题和信用卡机构对申请者的审查力度是影响信用卡市场风险的两个重要因素。在市场竞争的环境中，不同的竞争态势会影响到市场的风险，通常信用卡利率的竞争有利于降低信贷配给问题和相关的委托代理问题，然而非价格竞争会弱化信用卡机构的审查努力。对于监管而言，在非竞争市场中，以违约率作为目标的激励性监管有利于降低信用卡利率，缓和信贷配给相关的委托代理问题，同时有利于提升信用卡机构的发行审查激励。然而在竞争环境下，以控制违约率为目标的监管会增加信用卡发行的成本，在价格竞争中成本一定程度上会转移到信用卡的利率中，导致与信贷配给相关联的更严重的委托代理问题。在非价格竞争中，以控制违约率为目标的监管将有利于提升发行银行的审查激励。在双边市场中，发行市场中的竞争在一定程度上会缓和与信贷配给相关联的委托代理问题，然而发行机构会放松对信用卡申请者的审查，此时引入以违约率为目标的监管将有利于提升信用卡发行机构对资信审查的激励。

在政策层面上，本章从理论分析中提出以下四条政策建议：

（1）关注信用卡市场的利率水平，避免追求过高的利润导致逆向选择进而引发大规模的信用风险。

（2）提高对信用卡发行银行的违约风险的监测，建立一套关于信用卡审查的规范流程，并加大个人信用数据库的建设。

（3）在信用卡的审查和授信额度上，一方面增强银行的风险管理意识；另一方面通过激励性监管手段，提高信用卡发行机构的审查激励强度。

（4）在信用卡市场中，规范市场竞争，减少并杜绝以降低资质为手段的恶性竞争。

一、导论

（一）问题的提出

随着科学技术的浪潮席卷全球，计算机技术、通信技术、互联网等技术的发展，给金融行业带来了深远的影响。李克强总理指出，"制订'互联网＋'行动计划，推动移动互联网、云计算、大数据、物联网与现代制造结合，促进电子商务、工业互联网和互联网金融健康，引导互联网企业拓展国际市场"。以互联网为基础的产业升级改造成为国家的重要发展战略。

互联网的发展与金融创新，特别是支付工具创新密切相关。本章讨论的支付市场指的是电子支付市场，它主要包括卡基支付工具、网络支付和移动支付等。金融创新降低了社会交易成本，拓宽了选择空间，然而由于信息不对称，也给市场带来新的风险。与此同时，互联网经济给支付市场带来了全新的市场特征，即平台经济或者双边市场。双边市场和信息不对称的结合深刻影响着金融市场运作效率和风险，本章从委托代理的视角来讨论支付市场中的效率和风险。

2008年席卷全球的金融危机，一个重要的深层原因是对金融创新的风险控制缺乏足够的重视，迫使社会去反省金融市场中显性和隐性的各种风险。对支付市场来说，对风险的反思不妨从一些已发生的危机事件[①]开始，以便从中获得启发。

2003年韩国的信用卡市场危机是一个由信息不对称引发的市场泡沫破灭的典型例子。1997年金融危机后，韩国政府为了提升经济增长以及对金融系统的重新构造，大规模对金融市场放松管制，强调用市场机制，特别是价格信号，来替代政府对经济直接介入，在生产投资相对低迷时，扩大消费信贷。从1997年

---

① 曹红辉等（2009）《中国电子支付发展研究》（第289–290页）还讨论了中国台湾信用卡危机的个案。

金融危机后，1999～2002 年消费信贷膨胀，韩国平均家庭债务与收入比率从 1999 年的 63.8% 增加到 2002 年的 113.3%，债务与资产比率从 40.1% 增长到 51.8%①。在消费信贷中，有两个主要信贷来源，一是住房抵押贷款，二是信用卡提供的信贷。根据韩国的金融相关法律，除了银行外其他金融公司也可以发行信用卡。信用卡市场在最是高回报行业。从 2000 年开始，韩国的信用卡公司引领了消费信贷的大规模扩展，信用卡债务从 1999 年的 13.6 万亿韩元跃升到 2002 年的 50.6 万亿韩元，增长了 270%，然而在 2002 年后却急剧跌落，到 2005 年跌到 17.6 万亿韩元（见图 1-1）。在 1999 年末，信用卡债务占家庭债务的 8.4%，到 2002 年这一比例提高到 16.2%。由信用卡推动的家庭债务，一个重要特征是低偿付能力的家庭债务增长迅速。从 1999 年到 2000 年间，韩国家庭债务平均增长了 46%，其中户主年龄小于等于 29 岁的家庭，债务增长了 134%；户主年龄在 30～39 岁的家庭，债务增长了 35%；户主年龄在 40～49 岁的家庭，债务增长了 39%；户主年龄在 50～59 岁的家庭，债务增长了 89%；户主年龄在 60 岁以上的家庭，债务增长了 16%。债务增长最快的分别是户主年龄小于等于 29 岁以及介于 50～59 岁的家庭（见表 1-1）。如果按家庭收入的百分位来细分，那么收入处于 1～20 百分位的家庭，其债务增长了 24%；收入处于 21～40 百分位的家庭，其债务增长了 36%；收入处于 41～60 百分位的家庭，其债务增长了 30%；收入处于 61～80 百分位的家庭，其债务增长了 25%；收入处于 81～100 百分位的家庭，其债务增长了 16%；总体来看，所有家庭的债务平均增长了 4%（见表 1-2）。可以看出，在信用卡债务推动的消费信贷中，收入越低的家庭其债务增长比例越高。

---

① Taesoo Kang and Guonan Ma (2009), "Credit card lending distress in Korea in 2003", from Household debt: Implications for monetary policy and financial stability, Proceedings of a joint conference organized by the BIS and the Bank of Korea in Seoul, March 2008; Chang - Gyun Park (2009), "Consumer Credit Market in Korea since the Economic Crisis", from Financial Sector Development in the Pacific Rim, East AsiaSeminar on Economics, Edited by Takatoshi Ito and Andrew K. Rose, University of Chicago Press.

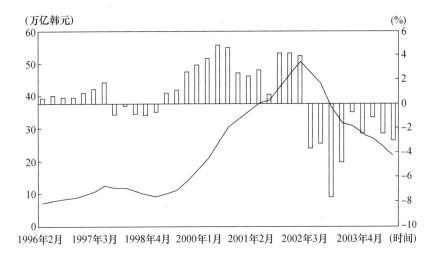

图 1 - 1　韩国家庭信用卡未偿还余额的变化

注：柱状线描述信用卡未偿余额的季度变化率（右轴），实线描述信用卡季度末的未偿余额（左轴）。

资料来源：Chang - Gyun Park（2009，第167页）。

表 1 - 1　按户主年龄划分的韩国平均家庭债务　　　单位：千韩元

年份	年龄群					总计
	≤29 岁	30 ~ 39 岁	40 ~ 49 岁	50 ~ 59 岁	60 岁以上	
1998	5540	15198	24718	18836	11598	17301
1999	3963	13690	22892	19965	12000	16592
2000	4442	13833	25385	20962	11151	17406
2001	8896	16576	26585	29480	13659	20669
2002	9217	18533	31811	37759	13972	24226

资料来源：Chang - Gyun Park（2009，第169页）。

表 1 - 2　按收入划分的韩国平均家庭债务　　　单位：千韩元

收入百分位	1998 年	1999 年	2000 年	2001 年	2002 年
81 ~ 100	44210	39730	33724	35200	41316
61 ~ 80	22131	18711	18105	19943	23369
41 ~ 60	12934	13057	15544	14831	17035
21 ~ 40	11789	12260	13148	20425	16647
≤20	8808	7853	9686	6793	9760
加总	17301	16592	17406	20669	24226

资料来源：Chang - Gyun Park（2009，第169页）。

韩国信用卡泡沫的形成有以下一些原因:第一,韩国政府在面临投资低迷时,为振兴经济大力推动消费信贷,刺激了韩国家庭过度举债。第二,银行业监管的放松,同时缺乏对信贷市场基础设施的建设。在信用审核环节,未对申请人信用进行有效审查,在市场竞争中,为吸引顾客,占领市场份额,大力扩张发卡规模,不断放宽申请资格,使得大量的低信用或者低偿付能力的消费者进入信用卡市场。第三,金融市场的信息不对称,使得在竞争环境下,特别是在双边市场中对市场份额的激励竞争中,委托代理产生的信用风险进一步放大。

在信用卡市场扩张的过程中,韩国政府出台了一系列扶持银行业发展的政策举措,大力推动银行卡行业,特别是信用卡产业发展。例如,采取"商家税收奖励"政策,鼓励商家接受信用卡结算,鼓励民众持卡消费;取消信用卡现金透支限制,对信用卡申请者的收入限制,以及将信用卡申请者年龄从 20 岁下调到 18 岁[①]。这些措施极大推动了韩国信用卡的消费信贷。在信用卡扩展最快的 2001 年,15 岁以上的韩国人平均拥有 4 张不同的信用卡,拥有 10 张以上信用卡的人数超过 23 万人,形成了巨大的信用卡泡沫。

邻国的信用卡泡沫形成和破灭的个案,启发我们需要特别关注支付市场,特别是信用卡市场当中的委托代理问题,在提高金融对经济发展支持效率的同时重视市场中的风险,而这就是本章的研究出发点。本章的研究意义有两个方面:在政策上,为监管当局提供有效的政策建议以及为支付市场中的相关课题提供理论和方法支持;在学术上,在新的技术条件与市场结构下拓展委托代理理论,同时探索金融体系效率与稳定分析的新框架。

(二) 基本分析思路

本章讨论支付市场中由于信息不对称产生的委托代理问题,并以信用卡市场为例加以具体分析。在支付市场中,有担保的支付工具,如借记卡,通常很少涉及委托代理问题,然而无担保的支付工具,特别是信用卡,不仅提供结算支付的

---

① 曹红辉等:《中国电子支付发展研究》,经济管理出版社 2009 年版。

功能，而且提供动态延期结算的功能，由于信息不对称，在银行与信用卡用户之间存在普遍的委托代理问题。本章将围绕着一个中心问题展开，即：给定我国支付市场的现状与发展趋势，什么样的监管制度安排能够诱导出从社会福利角度而言最优的市场结构和主体行为？

本章的分析思路如下。首先，从传统的借贷关系出发讨论信用卡委托代理问题。与传统的抵押担保贷款不同，信用卡借贷关系中没有抵押物，此时信用卡发行机构对申请人的资格审查是减少委托代理问题最直接的方式。本章从不同市场结构分析信用卡市场上的委托代理关系。在信用卡借贷关系中，信用卡的利率和审查力度是影响信用卡市场风险的两个重要因素。其次，本章分析信用卡市场中的金融监管对于市场风险的影响，具体而言，是激励性监管对于信用卡发行机构在信用卡利率选择和审查力度方面的影响。在网络化时代，信用卡市场具有平台经济或双边市场的特征，此时竞争围绕着市场份额来展开，谁拥有的信用卡顾客越多，谁就越能在双边市场占有有利位置。在这样的市场特征下，信用卡发行机构的利率选择和审查激励都会发生变化。最后，本章基于上述分析的内容给出政策建议。

（三）委托代理理论及其进展

传统的委托理论主要讨论在一个组织内部，成员之间的不同信息分布和利益结构下对组织运作的影响。委托代理问题的核心是在参与人之间信息不对称，处于信息优势一方的行动会影响处于信息劣势一方的利益。信息的不完全影响参与人之间合约的完整性，比如企业所有者不能与企业经理之间订立关于经理努力程度的合约条款，成员不同利益取向下，他们之间的互动会带来效率损失。信息不对称引起的合约问题，在经济学文献中，称为合约理论。合约理论①是经济学中一个非常重要的分支，不仅改变了传统经济学研究范式，而且使得经济学更贴近

---

① Stiglitz（2008）对委托代理问题做了一个清晰和简洁的介绍。Joseph E. Stiglitz（2008），"principal and agent"，From The New Palgrave Dictionary of Economics，Second Edition，2008，Edited by Steven N. Durlauf and Lawrence E. Blume.

现实，对现实问题产生更多实际的应用。从合约中的激励视角出发，机制设计理论、市场设计理论等使得经济学更直接、更深入地参与到现实问题中去，拍卖机制的设计、市场的匹配，以及各种监管都受益于合约理论的发展。

在合约理论中，市场和组织都可以通过共同的框架，即合约，来加以研究。在市场交易以及组织内部，都普遍存在信息不对称，合约理论的问题就是如何设计合约条款，使得处于不对称信息条件下的参与人的互动更有效率。信息不对称引致的委托代理问题可以分为两类：一类是基于事前（合约订立前）关于状态的信息不对称引起的逆向选择问题；另一类则是基于事后（合约订立后）关于行为信息的不对称引发的道德风险问题。关于逆向选择问题的研究最早出现在阿克勒夫对旧车市场的分析中①。信息不对称会带来市场的失灵，甚至使得市场不存在。在阿克勒夫之后，经济学围绕着信息不对称带来的效率损失进行了更为深入的研究。斯宾塞②认为可以用信号传递的方式来减少信息不对称。斯蒂格利茨及其合作者③认为可以通过合约设计使得信息优势一方采取自选择行为来解决信息不对称的问题。在道德风险问题上，最早的研究者是亚当·斯密。他观察到如果企业不是由所有者经营，企业经理就不会完全按照所有者的利益行事。为了减少经理人的行为扭曲，企业的所有者必须提供足够的激励，其中的一种方式是通过激励性合约，使得经理人分享委托人的收益④。在很多组织中，一项任务通常是由多个成员一起完成的，此时就存在团队成员的相互监督问题，它也需要通过机制设计来加以解决⑤。在多个参与人的环境下，可以设计许多不同的激励方式，比如按个人的绩效来激励，按相对绩效来激励，或者通过层级晋升来激励代

① Akerlof, G. (1970), " The market for 'lemons': quality uncertainty and the market mechanism", *Quarterly Journal of Economics*, 84, 488 - 500.

② Spence, M. (1973), " Job market signalling", *Quarterly Journal of Economics*, 87, 355 - 74.

③ Rothschild, M. and Stiglitz, J. (1976》, "Equilibrium in competitive insurance markets: An essay on the economics imperfect information", *Quarterly Journal of Economics*, 90, 629 - 49.

④ Wilson, R. (1969), " The structure of incentives for decentralisation under uncertainty", In *La Décision*. Paris: Editions du CNRS; Ross, S. (1973), "The economic theory of agency: The principal's problem", *American Economic Review*, 63, 134 - 9; Holmstrom, B. (1979), "Moral hazard and observability", *Bell Journal of Economics*, 10, 74 - 91.

⑤ Holmstrom, B. (1982), "Moral hazard in teams," *Bell Journal of Economics*, 13, 314 - 40.

理人[1]。

委托代理理论发展非常迅速，分析的对象从单个委托人与单个代理人，拓展到单个委托人与多个代理人，或者多个委托人与单个代理人，以及多个委托人与多个代理人；同时考察的互动关系，从一个时期拓展到多个时期，从有限时期拓展到无穷时期，或者内生性的互动期限。在合约条款上，从一些客观的合约条款到主观性的合约条款等。委托代理理论越来越贴近现实，并且越来越多地应用到各种不同的情形之中，在产业组织、金融市场、政治体系、公共经济以及很多社会问题上都有着广泛的应用。与此同时，对于委托代理理论或者更一般的合约理论，经济学家也运用理论、实证、实验等各种方法从不同的视角来检验其适用性和局限性。

(四) 文献综述

本章主要从委托代理理论的分析视角来讨论金融市场，特别是支付市场的运作效率和风险。在金融市场领域中，委托代理理论分析了很多金融借贷中的典型问题，其中信贷配给就是其中之一。

信贷配给（Credit Rationing）[2] 指的是一种供需不平衡的金融现象，其中对于贷款人而言，即使提高借贷价格（利率）也不愿意多增加信贷。这个概念的关键是价格不能用来作为消除借贷过剩需求的工具，这与通常的市场存在很大的差异。这个概念把信贷配给作为供给方的一个问题，即贷款方在某个（利率）价格点上供给弹性为零。这一现象，最早由斯蒂格利茨和维斯从委托代理的视角进行分析[3]。斯蒂格利茨和维斯认为，信贷市场过度需求的现象需要区分两种情形：一种是贷款人对任何借贷人都一视同仁，缩小信贷规模使得需求大于供给；

① Lazear, E. and Rosen, S. (1981), "Rank order tournaments as optimum labor contracts", *Journal of Political Economy*, 89, 841–64.

② Jaffee, D. M. and Modigliani, F. (1969), "A theory and test of credit rationing", *American Economic Review*, 59, 850–72.

③ Stiglitz, J. E. and Weiss, A. (1981), "Credit rationing in markets with imperfect information", American Economic Review, 71, 393–410.

另一种是一些借款人受到"配给"被贷款人所拒绝:"在下面两种情形中被认为是信贷配给:①在一些看上去相同的贷款申请人中,有些借贷人获得了贷款,有些则没有,这些被拒绝的借贷人即使愿意提高借贷利率也不会被接受;②对某种类型的借贷人群,在任何利率下,即使信贷额度扩大,也不会被贷款人给予贷款。"

为什么利率价格不能成为调节供需的手段呢?在委托代理框架中,由于不同人群有不同的类型,这些类型会影响到贷款的回收收益,因此不同类型的借款人有着不同的偿还能力。与阿克勒夫所讨论的旧车市场中的逆向选择机制类似,在给定利率价格下低偿还能力的借款人更有动机借款,同时这些借款人对利率价格更不敏感,为此提高利率价格会吸引更多的低偿还能力的借款人。借贷双方关于借款人类型的不对称信息使得利率价格不能成为调节信贷市场供需的有效工具。贷款人需要对借款人进行甄别,而这成为银行中介存在的一个理由,因为银行中介在甄别借款人的类型上具有专业优势和规模经济。

银行与借款人之间的借贷关系除了利率价格外,更主要的是通过合约条款来界定,比如通过抵押规定借贷双方在出现某些状态下进行资产转移等。然而在很多借贷关系中,抵押品的价值会低于贷款数目,有时甚至没有抵押物,此时银行需要通过事前的资格审查来甄别借款人的类型①。

此外,不同的市场结构会影响到信贷配给的程度,以及影响到金融市场的效率和风险。信贷市场的竞争会影响银行在信贷活动中的激励和约束。有些研究认为竞争会加剧金融市场的不稳定。随着金融市场竞争程度的增加,银行的利润(竞争中存款利率上升)变得越来越低,为此竞争降低了金融中介的经营特许权价值,使得它们对经营失败更不在乎,此时它们有动机采取激进的放贷行为(冒

---

① Broecker, T. (1990), "Credit – Worthiness tests and interbank competition", *Econometrica*, Vol. 58, No. 2: 429 – 452.

险借贷)，增大金融市场风险①。然而也有不同的观点②认为，竞争降低了借贷的利率，提高了借款人的收益，使得违约更不容易发生，或者信贷配给的问题相对缓和，为此竞争对于金融系统稳定性有正面的影响。金融市场竞争的影响之所以不同，主要是竞争方式和策略上的差异，并不是所有的竞争都会降低银行的存款利率或者贷款利率，竞争还有其他多种可能的情形，比如广告等非价格性的因素。在信用卡市场上，奥瑟贝尔③发现在美国市场中信用卡利率并不明显，存在很强的利率粘性，同时广告等非价格竞争手段比较普遍。

金融市场存在很多外部性，当金融风险，包括信用风险、流动性风险等积累到一定程度，就会酿成系统性震荡。为此相对于其他市场，政府对金融市场有更多方面的监管④，监管的形式和手段也更多更复杂。例如，针对 2008 年的金融危机，巴塞尔协议在 2011 年推出了新的监管标准。本章将重点讨论信用卡的信用风险，同时结合经济学中激励管制理论⑤，讨论对信用风险监管的运作机制。

此外，信用卡市场，以及更一般的支付市场在网络化时代，具备双边市场的特征。有越来越多的文献深入地讨论双边市场的特征以及企业的竞争策略⑥。双

① Keeley M. (1990), "Deposit insurance, risk and market power in banking", *American Economic Review*, 80: 1183 - 1200; Allen F, Gale D. (2000), "Comparing financial systems", MIT, Cambridge; Hellman T., Murdock K., Stiglitz J. (2000), "Liberalization, moral hazard in banking, and prudentialregulation: Are capital requirements enough? *American Economic Review*, 90: 147 - 165; Repullo R. (2004), "Capital requirements, market power, and risk - taking in banking. *Journal Financial Intermed*, 13: 156 - 182.

② Boyd J., De Nicoló G. (2005), "The theory of bank risk taking and competition revisited", *Journal of Finance*, 60: 1329 - 1343.

③ Lawrence M. Ausubel (1991). "The Failure of Competition in the Credit Card Market", *American Economic Review*, Vol. 81, No. 1: 50 - 81; Ausubel (1999), Adverse Selection in the Credit Card Market", working Paper.

④ Freixas 和 Rochet (2008) 将银行业的监管总结为：存款利率上限；对进入、设分支机构、网络以及兼并的相关约束；银行资产组合的约束，包括对储备的约束；存款保险；管制性的监督和审查，包括关闭政策。Freixas, X. and J. Rochet (2008), *Microeconomics of Banking* (2nd Edition), The MIT Press.

⑤ Laffont, J. and J. Tirole (1993), "A Theory of Incentives in Procurement and Regulation".

⑥ Jean - Charles Rochet and Jean Tirole (2003), "Platform Competition in Two - sided Markets", *Journal of the European Economic Association*, Vol. 1, No. 4: 990 - 1029; Jean - Charles Rochet and Jean Tirole (2006), "Two - Sided Markets: A Progress Report", *The RAND Journal of Economics*, Vol. 37, No. 3: 645 - 667; Caillaud, B. and B. Jullien (2003), "Chicken&egg: Competition among intermediation service providers", *The RAND Journal of Economics* Vol. 34, No. 2: 309 - 328; Mark Armstrong (2006), "Competition in Two - Sided Markets", *The RAND Journal of Economics*, Vol. 37, No. 3: 668 - 691.

边市场的一个本质特征在于平台的两端需求者之间存在交叉互补性，在这样的外部性下信用卡发行机构将更加关注对市场份额的争夺。双边市场的特征也同时改变了信用卡机构的盈利模式。信用卡的收益除了信用卡利息收入外，另一个重要来源来自交换费，又称为转接费（interchange fee）。这种盈利模式和竞争态势影响到信用卡企业的价格战略和审查激励，从而影响到信用卡市场的效率和风险。

二、支付市场的基本结构

人类经济从原始的物物交换发展到以货币为媒介进行交换时，支付便产生了。随着技术的进步，支付手段也随之发生变化，支付工具从现金支付扩展到非现金支付，比如银行等金融机构提供的各种票据结算工具、银行卡，以及网络移动支付等。支付通常是指交易中债权债务的清偿。国际结算银行支付结算委员会将支付处理过程划分为三个标准过程：交易过程、清算过程和结算过程。其中交易过程包括支付的产生、确认和发送；清算过程包含在收付款人与金融机构之间交换支付工具以及计算金融机构之间带结算的债券；结算过程，是完成债权最终转移的过程，包括收集带结算的债券并进行完整性检验、保证结算资金具有可用性、结清金融机构之间的债券债务以及记录和通知[1]。

本部分我们介绍支付市场，尤其是信用卡市场的基本结构，其中包括市场的参与主体、支付服务的特性、支付市场的双边市场结构以及供需双方与监管当局之间的信息分布。

（一）主要参与主体

在传统的支付市场中，重要的参与主体是支付市场的供需双方。银行是支付

---

[1]　曹红辉、田海山：《支付结算：理论与实务》，中国市场出版社 2014 年版。

工具的主要供给者①，消费者、商户、企业是支付工具的需求方。

在新型（双边）支付市场中，以银行卡为例，供给方包括发卡机构（银行）、收单机构、结算清算平台（银行卡组织，主要是银联；互联网支付平台；跨境支付平台）以及各类专业服务机构（卡制作机构，系统维护，软件服务商等）构成的平台。需求方是消费者、商户和企业。银行卡的支付过程通常包括四个部分：一是交易发起过程；二是转接和授权过程；三是系统清算和结算过程；四是收单行与商家结算过程。

在互联网支付市场中，以网关性网上支付为例，参与主体包括消费者和商户作为支付工具的需求方；供给方包括网上支付平台，其进一步可以分解为信用体系、互联网、支付网关、消费者开户行、商户开户行以及银行网络。移动支付也与此类似。

本章主要研究的信用卡双边市场中，供给方主要是由信用卡发行机构、结算平台和收单机构构成的支付平台；需求方是消费者和商户。供给方中的信用卡发行机构和结算平台的目标通常是追求商业利润最大化，此外信用卡发行机构还关注信用卡的违约风险。信用卡发行银行的收益主要有两个来源：一是信用卡的利息；二是交换费。结算清算组织，主要是中国银联组织，其收益来源是收单机构给予的手续费。收单机构的收益主要来自商户在接受信用卡支付中支付给收单机构的交易费。收单单位获得交易费的大小，通常是商户和收单机构讨价还价的结果，在不同的商业机构有不同的交易费标准。收单机构支付给信用卡发行银行和结算清算组织的数额主要是由行业协会或者相关的政策法规决定的，当然其背后各方的讨价还价能力也在起作用。

信用卡市场的一个重要需求方是信用卡的使用者，他们关注信用卡的透支功能、信用卡使用的成本、信用卡使用便利程度。信用卡市场的另一个客户群是商户，他们关注信用卡使用的普遍性，以及交易费成本。在双边市场中，消费者选择使用信用卡与商户选择接受信用卡支付是相互关联的。

---

① 在有些市场的销售中，生产企业或者商业机构也提供一些延迟支付的工具。

在信用卡的监管过程中，银监会、中国人民银行等作为监管机构，监控信用卡的各种可能风险。信用卡的风险主要来自信贷风险，因为在信用卡发卡银行与信用卡持有者之间存在着信贷关系；其他风险还有诸如伪造（信用卡）风险，银行间以及收单机构与发卡机构之间的结算风险，以及利用信用卡的一些犯罪活动，比如洗钱等。在信用卡的监管中，监管机构的目标通常是信用卡市场效率和风险之间的权衡，有时也包括保护消费者的利益等。

（二）支付服务

信用卡作为支付工具，除了满足清算结算的功能外，一个重要的作用来自透支消费。消费者对透支服务的评价取决于消费者的类型特征，比如收入流与消费流之间的匹配程度。信用卡作为支付工具，一个重要的质量特征是其便利性，即被商户所接受的程度和范围，同时也包括安全性，比如信用卡被别人盗用冒用的风险。

对于商户而言，尽管信用卡支付需要额外承担交易费用，其优势在于可以提高商品和服务的销售规模，特别是随着信用卡持有越来越普及，通过接受信用卡会带来更多的客流。此外，通过信用卡结算，在一定程度上提高了结算工具安全性，比如避免收到假币的风险。对于商户而言，信用卡支付成本除包括按交易额承担的额外交易费用外，还可能包括其他一些固定成本的开支，比如对相关设备的购买和维护等。

（三）支付服务的双边市场结构

信用卡，以及更一般的银行卡支付工具存在双边市场特征。在双边市场中，支付服务的供给方包括信用卡发行机构、银行卡组织和收单机构。在国内目前的信用卡发行市场中，主要限定由银行机构来发行信用卡。目前国内国有商业银行、股份制银行等大多发行了信用卡，信用卡的发行市场是一个寡头竞争性市场结构。银行卡组织目前是垄断行业结构，即中国银联，不过在网络支付和移动支付中，存在其他的多个清算结算平台。收单市场由金融机构和非金融机构共同参与，这一市场具有较强的竞争性。

在双边市场中，收单机构需要向信用卡发行银行支付交换费。交换费是银行卡产业运行实践中的核心定价机制。前面提到双边市场的一个特征是对平台的两端客户存在交叉外部性，交换费是银行卡产业平衡双边市场成本和收益，从而将外部性内部化的重要机制。这里我们简单讨论一下交换费的运作原理。

假设在平台经济中，消费持卡人对银行卡支付的净效用为 b^B，商户对使用银行卡结算的净效用为 b^S，c 是银行卡系统提供支付服务的边际成本。巴克斯特[1]把持卡人和商家对支付需求看作是互补品，把交易服务的供给成本看作是共同成本。当下面的条件满足时：

$$b^B + b^S \geqslant c \qquad\qquad (1-1)$$

选择银行卡支付是社会最优的支付方式。

然而在竞争的环境下，如果不借助发卡银行和收单机构的转移支付，市场会存在外部性，一些有效的交易不能达成。为说明这一点，假设持卡人和商户对银行卡支付的价格分别为 p^B 和 p^S，发卡银行和收单机构的边际成本分别为 c^B 和 c^S，满足 $c^B + c^S = c$。在竞争市场中，只有持卡人都从交易中获得净收益，才能实现银行卡支付，为此需要满足：

$$b^B \geqslant p^B \geqslant c^B, \ b^S \geqslant p^S \geqslant c^S$$

然而当 $b^B < c^B$，$b^B + b^S > c^B + c^S$ 或者 $b^S < c^S$，$b^B + b^S > c^B + c^S$，市场交易在没有交换费下就不能通过银行卡结算。然而当存在交换费时就可以执行有效交易。

比如当 $b^B < c^B$，$b^B + b^S > c^B + c^S$，令收单机构向发行银行支付交换费为 f 使得下面条件满足：

$$b^B + f > c^B, \ b^S - f > c^S$$

存在一个 f 使得上面的条件满足，只要满足：

$$b^B + b^S > c^B + c^S$$

① Baxter. W. (1983), "Bank interchange of transactional paper: Legal and economic perspectives", *Journal of Law and Economics*.

巴克斯特的贡献在于清晰地阐明了交换费的作用，即通过交叉补贴，平衡双边市场中商户和持卡消费者的成本和收益。在实际中，交换费主要通过发行银行与收单机构的讨价还价来决定，为此受到不同市场结构的影响，这也成为很多国家担心交换费会影响市场竞争效率的原因，在学术界对于交换费也有不同的观点。

在双边市场中，对支付服务的定价结构会影响支付服务的整体需求，定价结构的非中性来源于不同客户端对双边市场中交叉效应的不同反应。在定价中存在一个跷跷板的规则，即对某一方客户定低价对另一方客户定高价，这是双边市场的一个重要特征。

（四）供求双方与监管当局的信息分布

本章主要讨论信用卡市场的委托代理问题，委托代理问题出现的根源是在信用卡市场供求双方之间不对称信息分布。

在信用卡市场中，对于信用卡涉及的借贷关系，相应的信息不对称主要是信用卡申请人的类型。由于在信用卡的使用中存在延期支付，消费者不同的收入状态会影响他们偿还的概率和数额。对于消费者在不同时期的收入状况，银行相对于消费者处于信息劣势。银行需要通过资信审查来决定是否给予申请者以信贷。

在信用卡的结算服务中，也可能存在关于服务质量的不对称信息，比如信用卡的安全性、便利性，对于这些信息，信用卡申请者相对于信用卡发行机构处于信息劣势。不过本章讨论的委托代理问题主要是指关于信用卡的信用风险。

在信用卡的监管上，信用卡发行机构与监管当局存在信息不对称。监管当局关注信用卡的违约风险，信用卡发行机构的审查强度是控制违约风险的重要方式。然而相对于发行机构，监管当局在信用卡申请的资信审查强度上处于信息劣势。与此同时，监管当局可能在信用卡的违约信息以及在信用卡发行竞争中的定价方面也处于信息劣势。

三、信用卡市场中的委托代理问题

（一）引言

本部分我们主要讨论信用卡的委托代理问题。信用卡在发行过程中，银行与申请者之间存在着信息不对称，银行不知道申请者在透支后有多大可能会履行其还款义务。通常消费者在申请信用卡过程中，发行银行会对消费者进行信用或者还款能力的审查，但是这种审查并不是很精确，这是因为消费者的一些个人特征并不是很容易识别，比如消费习惯相对于收入的信息更难获得，未来的收入变动信息相对目前的收入更难获得等。本部分我们主要讨论在信息不对称情况下，银行如何决定其信用卡的利率价格，如何决定其审查强度。与此同时，信用卡市场结构和竞争态势会对银行发行信用卡行为产生影响，这种影响对于信用卡的市场风险会产生重要效应。下面我们先从信用卡市场的供需双方来看信用卡市场的特征。

消费信贷对于消费有着非常重要的作用。在动态的需求中，在不同的时间段消费者有不同的收入流，而且通常是相对平缓的，然而很多大额消费，包括住房购买等，所需的支出在时间上却有很大的波动，为此通过消费信贷，使得一些原本由于短期预算约束限制无法实现的消费活动得以实现。消费借贷，更早的形式是由商家提供的延期支付或分期支付，随着借贷消费的扩大，借贷服务逐渐过渡到由银行来提供，银行在消费信贷方面的优势在于专业化和规模经济。

在借贷关系中，一个永恒的问题是如何克服由于信息不对称所带来的委托代理问题。消费信贷的委托代理问题，主要表现为逆向选择。不同消费者有不同的偿付能力，关于偿付能力的信息银行了解得相对有限。当消费者不能偿还债务时，就给银行的信贷带来了亏损，而且越没有偿还能力的消费者越有激励申请消费信贷，这是因为其期望的偿还成本较低。在信息不对称情况下，偿还能力越低的消费者越有激励申请信贷的现象，称为逆向选择。在逆向选择的借贷关系中存在的一个普遍现象是信贷配给，即在某个利率水平下，信贷的需求超过供给。之所以银行不提高利率来消除信贷的过度需求，原因在于提高信贷利率会使得更多的低偿付能力消费者来申请信贷，而偿付能力高的消费者会减少申请，从而恶化了借贷者的总体质量，降低了银行的利润。

克服信贷中逆向选择问题的一个重要方式是非价格的合约条款，比如抵押条款，即借贷者需要向银行抵押其个人资产，一旦借贷者不能偿付其债务，银行可以通过卖掉抵押品来抵销其部分或者全部的债务。在消费者的住房信贷上，住房就构成了房屋信贷的抵押品。然而并不是所有的消费信贷都可以通过抵押的方式来减少逆向选择问题。

在支付市场中，信用卡是一种金融创新的工具。信用卡不仅反映了一种信贷关系，而且还是一种低成本的支付工具。信用卡在借贷关系中通常不存在抵押的条款，它主要通过对申请者的资信审查来决定是否借贷以及相应的透支限额。尽管在信用卡借贷中，合约条款会依据资信水平来决定授信规模，但是信息不对称使得审查过程产生各种可能的误差，为此，信用卡市场会存在普遍的逆向选择问题。随着信用卡市场竞争程度的扩大，一个消费者可能向多家银行申请信用卡，而且可能会同时拥有多张信用卡，此时多方持有会带来新的委托代理问题。Ausubel（1991）[1] 发现在美国信用卡市场中，尽管发行机构很多（达到4000多家），并且有几家主要发行机构的市场份额都不是很大（前10大机构的市场份额只占40%左右），但是信用卡利率却远比资金成本高得多，同时具有很大的黏性，即不随资金成本变动而变动。一个主要的原因来自（反向的）逆向选择，与普通的信贷配给不同（金融机构不愿意提供利率来消除过剩的信贷需求），信用卡发行机构不愿意降低利率，这是因为利率下降可能会吸引对利率敏感的申请者，这

---

① Lawrence M. Ausubel (1991), "The Failure of Competition in the Credit Card Market", *American Economic Review*, Vol. 81, No. 1: 50 – 81.

些申请者有相当大比例是那些资信水平低同时没有其他融资来源的消费者，他们在多家银行申请信用卡，并寻求最低利率的信用卡，此时利率下降可能会使得信用卡的风险结构恶化。Ausubel（2009）[①] 认为信贷市场竞争失效的一个原因是，信用卡的利率反映的是一个"惩罚性利率"（penalty interest rates），利率高是因为违约率高，而违约率高反过来也是因为利率高。而信用卡发行机构不愿意通过降低利率来降低违约率，其背后原因来自类似公共池问题（Common Pool）[②]。当申请者向多家银行申请信用卡时，发行机构利率高导致申请者有产生更高的违约风险的可能，而这种风险带给其他发行机构负的外部性，同时一旦预期申请者有违约可能，发行银行会加速对申请者追债，从而进一步加剧信用卡的违约风险。为此，信用卡的逆向选择问题会比一般的信贷市场更复杂。下面我们通过一些模型来刻画在不同市场结构下信用卡逆向选择背后的逻辑关系。

（二）信用卡市场中的逆向选择

我们首先讨论在资信审查中的逆向选择模型，刻画在信用卡市场中的信贷配给现象。在下面第一个模型中不同还款类型的消费者来申请信用卡，银行通过资信审查来决定是否给予消费者以信用卡。

假设有两类不同资信的顾客，用还款能力（概率）来刻画申请者类型，$\beta \in \{\beta_h, \beta_l\}$，其中 $\beta_h > \beta_l$，β_h 类型的概率为 ρ。银行偏爱 β_h 类型的申请者。银行对申请者进行资信审查，为简化讨论，假设存在一类审查误差，即把 β_l 类型看作 β_h 类型，假设 $1 - q$ 是误差的概率大小，银行只接受审查结果是 β_h 的顾客。假设信用卡的授信额度是 1 个单位，每类消费者对未来透支消费的效用类型[③]为

---

① Ausubel（2009）, "Hearing on 'modernizing consumer protection in the financial regulatory system: Strengthening credit card prrotections'".

② 见 Lawrence M. Ausubel and Amanda E. Dawsey（2008）, "Penalty Interest Rates, Universal Default, and the Common Pool Problem of Credit Card Debt"（工作论文）。

③ 模型简化了消费者对信用卡透支消费的效用评价类型。在实际中，消费者在未来面临透支消费的概率不同，同时信用卡对透支消费有不同类型的好处，有时消费者在透支的当月就可以还清贷款，此时信用卡的还款利率非常低，有时消费者透支需要在未来多个月来偿还，此时会面临较高的还款利率。

$x \in \{x_h, x_l\}$，x_h 类型的概率为 γ，$x_h > x_l > 1$，这里我们假设效用类型与还款类型是独立分布的。假设信用卡的毛利率①为 $R =（1 + r）$。假设所有参与人都是风险中性的。

对于 $t_{ij} =（\beta_i x_j）$ 类型的消费者来说，是否申请信用卡依赖于下面的条件是否成立：

$$x_j - \beta_i R \geq 0$$

令 R_{ij} 是 t_{ij} 类型的消费者接受的最高利率，为此我们可以得到：

$$R_{ij} = \frac{x_j}{\beta_i}$$

假设 1：所有低还款概率类型的消费比高还款类型在任意利率下都更愿意申请，即下面的不等式：

$$R_{lh} > R_{ll} > R_{hh} > R_{hl}$$

银行不知道消费者的类型，为此对银行来说只能对通过审查后的消费者采用相同的信用卡利率，对于银行而言，它只接受下面类型的申请：

$$\beta_j R - 1 \geq 0$$

为简化讨论，我们假设一个极端的还款概率类型 $\beta_l = 0$，在上述条件下银行只接受 β_h 类型的申请者，为此在上面的假设 1 下，β_l 在任意利率下都会申请②。

为此对于银行的利率选择而言，只有两种情形 $\{R_{hh}, R_{hl}\}$；与此同时，我们假设银行可以选择其审查的两种强度 $q_0 = 0$ 以及 $q_1 > 0$，在此时审查强度下，出错的概率为 $1 - q$，假设审查成本为：

$$c(0) = 0, \quad c(q_1) = C$$

1. 垄断的信用卡市场

我们先讨论信用卡垄断市场下的均衡，之后再讨论寡头竞争市场下的均衡：

在利率为 R_{hh} 下，此时除了 t_{hl} 类型外，其他类型的消费者都会来申请信用卡，

---

① 这里我们也同样简化了在不同时期还款下信用卡的不同利率水平。

② 或者我们可以引入一个最高信用卡利率上限 $\bar{R}$，使得满足 $R_{hh} < \bar{R} < R_{ll}$，此时在最高利率上限以下，所有 β_l 类型都会申请。

在 q 的审查强度下通过银行审查的申请者的期望还款概率为：

$$E(\beta \mid R_{hh}) = \tilde{\beta} = \frac{\rho\gamma\beta_h}{\rho\gamma + (1-\rho)(1-q)}$$

银行的期望利润（不考虑资信审查成本）为：

$$\Pi(R_{hh}) = k_h(R_{hh}E(\beta \mid R_{hh}) - 1) = k_h\left(\frac{\rho\gamma x_h}{\rho\gamma + (1-\rho)(1-q)} - 1\right)$$

其中，k_h 是申请到信用卡的消费者比例

$$k_h \triangleq \rho\gamma + (1-\rho)(1-q)$$

在利率为 R_{hl} 下，所有类型都会来申请信用卡，在 q 的审查强度下通过银行审查的申请者的期望还款概率为：

$$E(\beta \mid R_{hl}) = \beta = \frac{\rho\beta_h}{\rho + (1-\rho)(1-q)} > \tilde{\beta}$$

银行的期望利润（不考虑资信审查成本）为：

$$\Pi(R_{hl}) = k_l(R_{hl}E(\beta \mid R_{hl}) - 1) = k_l\left(\frac{\rho x_l}{\rho + (1-\rho)(1-q)} - 1\right)$$

其中

$$k_l \triangleq \rho + (1-\rho)(1-q)$$

假设 2：

$$x_l > \underline{x} \triangleq \frac{1}{\rho}; \quad x_h > \underline{\underline{x}} \triangleq \frac{(1-\rho)}{\rho\gamma} + 1$$

我们得到在给定审查力度下，银行会选 R_{hh}，如果下面的条件满足：

$$\gamma x_h - x_l + (1-\gamma) > 0$$

我们首先得到一个关于银行选择均衡利率水平高低的初步结论。

结论 1：当 γ，x_h 越大或者 x_l 越小，此时银行在给定审查下越容易选择高的利率水平；反之则银行越倾向于低的利率水平，此时银行在信用卡市场上存在一个典型的信贷配给，即银行不愿意通过提高利率来消除市场上的过剩需求。

结论 1 背后的逻辑是这样的：当 γ 很大时，降低利率吸引到更多偿还能力好的类型的消费者的比率 $(1-\rho)(1-\gamma)$ 变小，即通过利率下降带来的资信

结构改善的空间变小，此时银行就不愿意制定一个低的利率水平。x_h 越大，意味着在维持资信结构不变，信用卡发行者越有更高空间来提高利率水平 R_{hh}。x_l 越小，意味着，信用卡发行者在吸引所有偿还能力好的类型的消费者情形下，利率水平会变得越低，为此银行没有积极性通过降低利率来得到一个好的资信结构。

下面我们来讨论银行关于资信审查的激励。在给定银行选择利率水平 R_{hh} 时，银行有两种不同的资信审查水平，当下面的条件满足时银行才会选择高的审查水平：

$$C < (1-\rho)q_1$$

同样，在给定银行选择利率水平 R_{hl} 下，当下面的条件满足时银行才会选择高的审查水平：

$$C < (1-\rho)q_1$$

下面是关于银行资信审查激励的初步结论：

结论 2：银行选择利率的大小不会影响审查力度，审查力度依赖于 β_1 的比例，同时依赖于审查的效果 q_1。

结论 2 的背后逻辑很简单：银行审查的目的在于尽可能去除资信水平低的客户，显然资信水平低的顾客越多，银行越需要更多的审查。

由于银行在发行信用卡时可以选择两个政策工具，即利率 R 和审查力度 q，为此有四种可能的均衡结果：

（1）银行选择（$R^m = R_{hh}$，$q^m = q_0 = 0$），此时银行的利润为：

$$\Pi(R_{hh}, 0) = k\left(\frac{\rho\gamma x_h}{\rho\gamma + (1-\rho)} - 1\right)$$

其成立条件为：$\gamma x_h - x_l + (1-\gamma) > 0$，同时

$$C > (1-\rho)q_1$$

此时信用卡的市场风险或者违约率为：$\pi_{h,0} = \dfrac{1-\rho}{\rho\gamma + (1-\rho)}$

（2）银行选择（$R^m = R_{hh}$，$q^m = q_1$），此时银行的利润为：

$$\Pi\left(R_{hh}, q_1\right) = k\left(\frac{\rho\gamma x_h}{\rho\gamma + (1-\rho)(1-q_1)} - 1\right) - C$$

其成立条件为：$\gamma x_h - x_1 + (1-\gamma) > 0$，同时 $C < (1-\rho)q_1$

此时信用卡的市场风险或者违约率为：$\pi_{h,1} = \dfrac{(1-\rho)(1-q_1)}{\rho\gamma + (1-\rho)(1-q_1)}$

（3）银行选择（$R^m = R_{hl}$，$q^m = q_0 = 0$），此时银行的利润为：

$$\Pi\left(R_{hl}, 0\right) = \frac{\rho x_1}{\rho + (1-\rho)} - 1$$

其成立条件为：$\gamma x_h - x_1 + (1-\gamma) < 0$，同时 $C > (1-\rho)q_1$

此时信用卡的市场风险或者违约率为：$\pi_{1,0} = \dfrac{(1-\rho)}{\rho + (1-\rho)}$

（4）银行选择（$R^m = R_{hl}$，$q^m = q_1$），此时银行的利润为：

$$\Pi\left(R_{hl}, q_1\right) = \frac{\rho x_1}{\rho + (1-\rho)(1-q_1)} - 1 - C$$

其成立条件为：$\gamma x_h - x_1 + (1-\gamma) < 0$，同时 $C < (1-\rho)q_1$

此时信用卡的市场风险或者违约率为：$\pi_{1,1} = \dfrac{(1-\rho)(1-q_1)}{\rho + (1-\rho)(1-q_1)}$

下面的结论 3 总结了在不同均衡下的信用卡市场风险状况。

结论 3：在上面四种可能的均衡结果下，当 $\gamma > 1 - q_1$ 时，有 $\pi_{h,0} > \pi_{1,0} > \pi_{h,1} > \pi_{1,1}$；

而当 $\gamma < 1 - q_1$ 时，有 $\pi_{h,0} > \pi_{h,1} > \pi_{1,0} > \pi_{1,1}$。

结论 3 意味着，当信用卡高评价 x_h 的比例较大时，此时审查的力度更大程度决定于市场的风险；而信用卡高评价 x_h 的比例较小时，信用卡的利率水平更大程度上决定于市场的风险。

2. 寡头竞争下的信用卡市场均衡

寡头竞争市场中，不同信用卡发行机构选择各自的发行政策来竞争好的申请者，现实中银行在信用卡竞争中有很多策略，除了信用卡的利率以及审查期限、审查严格程度外，一个更普遍的方式是通过广告竞争战略，比如在很多超市、机场等有很多信用卡发行公司通过类似于使用信用卡消费打折或者赠送礼品的方式推销和诱惑消费者去申请办理信用卡，等等。

我们考虑的寡头竞争的方式，是在位垄断者与进入者之间的策略互动，考虑利率竞争和审查力度竞争，以及广告竞争下对信用卡市场均衡以及市场风险的影响。

（1）信用卡市场利率竞争。

显然，在寡头竞争情形下，我们主要讨论对称的均衡即在给定信用卡机构都选择相同的审查力度下的利率竞争。同时我们侧重于考察在均衡时两家信用卡公司设定相同的利率。在产业组织理论中，价格（伯川德）竞争均衡会使得企业选择利润为零时的价格水平。

假设两家信用卡公司在均衡是资信审查力度为 $q = 0$ 的情形。令 R^b 是两家企业选择的均衡对称利润，当 $R_{hh} \geqslant R^b > R_{hl}$，同时在 R^b 银行信用卡业务的利润为零，此时满足如下条件：

$$R^b = \frac{1}{\widetilde{\beta}(q=0)} = \frac{\rho\gamma + (1-\rho)}{\rho\gamma\beta_h}$$

如果 R^b 是均衡的话，任何一家发行银行都没有动机去选择利率 R_{hl}，通过这一利率来吸引所有类型的申请者，然而由于假设 2，当对手选择 R^b，银行选择 R_{hl} 的期望利润为：

$$\Pi(R_{hl}) = R_{hl}E(\beta \mid R_{hl}) - 1 = \rho x_1 - 1 > 0$$

为此在 $q = 0$ 时，利率竞争中必然有：$R^b \leqslant R_{hl}$

$$R^b = \frac{1}{\beta(q=0)} = \frac{\rho + (1-\rho)}{\rho\beta_h}$$

此时市场的风险为 $\pi_{1,0} = \frac{(1-\rho)}{\rho + (1-\rho)}$

下面考虑资信审查力度为 $q = q_1$ 的情形：

当 $R_{hh} \geqslant R^b > R_{hl}$，在对称均衡中，由于银行之间的资信审查是独立的，此时 β_1 类型顾客同时被两家银行拒绝的概率为 q_1^2，在相同的利率下，假设各自一半类型的申请者选择第一家或者第二家发行银行，如果被拒绝则再试着申请第三家发行银行，此时均衡是期望的还款概率为：

$$\breve{\beta} = \frac{\rho\gamma\beta_h}{\rho\gamma + (1-\rho)(1-q_1^2)} < \tilde{\beta}(q_1) = \frac{\rho\gamma\beta_h}{\rho\gamma + (1-\rho)(1-q_1)}$$

同时在 R^b 银行信用卡业务的利润为零，此时满足如下条件：

$$\frac{k_h}{2}(R^b \breve{\beta} - 1) - C = 0$$

对比在垄断情形下，银行在选择 $q = q_1$ 时在 R_{hh} 的利润为：

$$k_h(R_{hh}\tilde{\beta}(q_1) - 1) - C \geq 0$$

在假设 2 的条件下，当在某个审查成本 C 的水平下：$k(R_{hh}\tilde{\beta}(q_1) - 1) - C > 0$，由于 $\breve{\beta} < \tilde{\beta}(q_1)$，为此可能会有 $\frac{k_h}{2}(R_{hh}\breve{\beta} - 1) - C \leq 0$，也就是说在资信审查力度为 $q = q_1$ 的情形下，寡头在利率竞争下，其利率水平很可能不会比垄断的情形低，或者至少没有太多激励去降低信用卡利率。

由于存在固定成本，在产业组织理论中，此时不存在纯战略的纳什均衡，不过存在防削价的均衡（Undercut - Proof Equilibrium）[1]。然而 $R_{hh} \geq R^b > R_{hl}$ 如果是防削价的均衡，其成立的一个条件为：

如果给定对手选择 R^b，此时没有银行会有动机选择 R_{hl} 的利率，此时成立的条件为：

$$\Pi(R_{hl}, q_1) = \frac{1}{2}(\rho x_1 - (\rho + (1-\rho)(1-q_1))) - C < 0$$

此时信用卡市场的违约风险为：$\dfrac{(1-\rho)(1-q_1^2)}{\rho\gamma + (1-\rho)(1-q_1^2)} > \pi_{h,1}$，

$\dfrac{(1-\rho)(1-q_1^2)}{\rho\gamma + (1-\rho)(1-q_1^2)} < \pi_{h,0}$

如果考虑 $R_{hl} \geq R^b$ 的情形，此时所有顾客都申请信用卡，此时信用卡顾客的资信结构为：

$$\hat{\beta}(q_1) = \frac{\rho\beta_h}{\rho + (1-\rho)(1-q_1^2)} < \hat{\beta}(q_1) = \frac{\rho\gamma\beta_h}{\rho\gamma + (1-\rho)(1-q_1)}$$

① Shy, Oz（1995）在其产业组织理论的教科书中介绍了防削价的均衡的概念。Oz Shy（1995），*Industrial Organization：Theory and Applications*，MIT.

同时在 R^b 银行信用卡业务的利润为零，此时满足如下条件：

$$R^b \hat{\beta}(q_1) = 1 + C$$

此时市场的风险为 $\dfrac{(1-\rho)(1-q_1^2)}{\rho + (1-\rho)(1-q_1^2)} > \pi_{1,1}$，$\dfrac{(1-\rho)(1-q_1^2)}{\rho + (1-\rho)(1-q_1^2)} < \pi_{1,0}$

结论 4：如果信用卡发行机构进行利率竞争，那么市场的均衡利率会相对于垄断情形低，利率竞争信用卡市场的风险下降。

（2）信用卡市场非价格竞争。

给定信用卡发行机构保持利率价格不变，我们先考察信用卡机构进行审查方面的激励。假设信用卡机构的利率为 R^b，当 $R_{hh} \geq R^b > R_{hl}$ 时，如果激励信用卡发行机构选择高的审查强度，此时在对称均衡中需要满足如下条件：

$$(0.1)\ \frac{1}{2}(R^b \rho \gamma \beta_h - (\rho \gamma + (1-\rho)(1-q_1^2))) - C > \frac{1}{2}(R^b \rho \gamma \beta_h - (\rho \gamma + (1-\rho)))$$

或者：

$$C < \frac{1}{2}(1-\rho)q_1^2 < (1-\rho)q_1$$

此时发行机构的审查激励弱化。

当 $R^b \leq R_{hl}$，激励发行机构选择高审查强度的条件为：

$$\frac{1}{2}(R^b \rho \beta_h - (\rho + (1-\rho)(1-q_1^2))) - C > \frac{1}{2}(R^b \rho \beta_h - (\rho + (1-\rho)))$$

或者：

$$C < \frac{1}{2}(1-\rho)q_1^2 < (1-\rho)q_1$$

同样发行机构的审查激励弱化。与此同时，由于审查是独立的，低偿还类型的申请者在相同审查强度下，相对于垄断情形有更高的机会申请到信用卡。

结论 5：如果信用卡发行机构进行非利率竞争，此时它们的审查激励下降，同时信用卡市场的风险变得更大。

接着我们简单讨论其他非利率竞争对信用卡市场风险的影响。

Ausubel (1999)[①] 讨论了信用卡市场竞争中的逆向选择，在他的模型中，信用卡发行企业在竞争顾客时类似于一种拍卖，即信用卡通过利率以及广告等方式向可能申请的顾客提出一种条件，顾客根据最好的条件选择一家信用卡公司，由于顾客的类型对所有信用卡公司都具有相同或者近似相同的价值，为此这种拍卖实际上是公共价值品的拍卖，在公共价值品拍卖中一个重要的结论是存在"赢者诅咒"，即赢得顾客申请很可能是信用卡公司在审查中出错，同时以越高利率申请的顾客其资信状况越糟糕。在竞争中，低偿付类型的消费者更容易也更有激励获得申请。

上面我们讨论了两家信用卡公司之间的竞争，上面的结论很容易推广到多个信用卡企业之间在利率以及非价格方面的竞争，同时随着信用卡发行公司的增多，低偿付类型的消费者总是有更高的机会获得一张甚至多张信用卡，而这会使得信用卡市场整体的风险变得更大，当然这里的一个条件是如果信用卡利率竞争不充分的话，市场竞争会吸引到更多高风险的顾客，而不是低风险的顾客。而市场的高风险可能会使得信用卡公司通过更高的利率（惩罚性利率）来弥补亏损，而这形成了某种恶性循环。

不过信用卡公司的竞争并非都会增加市场风险，如果市场的利率在竞争中下降幅度大，那么这会改变信用卡市场中的整体风险，为此竞争对于信用卡市场的影响并不是单向的，其影响的方向取决于竞争环境以及竞争态势和工具。

本部分我们介绍了在不同市场结构下，信用卡发行公司与顾客之间的委托代理问题，特别是由不对称信息引发的逆向选择问题，我们得到了一些基本的结论，信用卡市场中的风险取决于两个重要因素：一是申请者的比例构成；二是银行的审查力度。信用卡市场的竞争会影响到利率水平，从而影响申请者的比例。从垄断结构转向竞争环境中，一方面可能会降低信用卡的利率水平，这对于市场风险的控制是有利的；但另一方面，竞争可能会同时降低信用卡公司对于审查力度的关注，而这对于市场风险是不利的。下一部分我们将讨论如何进行监管来控

---

① Ausubel (1999) "Adverse Selection in the Credit Card Market" 工作论文。

制信用卡市场的风险，从而控制金融机构的风险。

四、信用卡市场监管下的委托代理问题

（一）引言

本部分我们讨论在引入监管之后信用卡市场的委托代理关系。对信贷市场的监管，给原先的借贷双方的委托代理增加了新的一层委托代理关系，即监管机构与银行（或者更广义的信用卡发行机构）之间的委托代理问题。

信用卡的监管，基于不同的角度，有着不同方面的监管。第一类监管涉及市场监管，它主要是基于竞争和反垄断的考虑，围绕着信用卡市场中企业之间的微观行为而作出的一些对行为和结构上的约束，比如在发行企业是否存在共谋的协议，在位者企业是否滥用其市场支配地位。由于信用卡具有双边市场的特征，围绕着交换费与市场竞争的关系，不同国家和地区对于信用卡的交换费有不同的管制政策。第二类监管涉及社会监管的层面，比如信用卡的信息安全以个人账号安全为主，其中包括个人信息泄露，伪造或者盗用信用卡相关的违法行为，以及关于通过信用卡来洗钱等一系列涉及社会层面上的监管。第三类是金融监管，主要是基于对金融信贷中的各类风险，特别是违约风险，以及由此产生的系统性的金融风险。我们主要讨论第三类的金融监管，在下一部分我们还将讨论基于双边市场中，围绕着交易全过程，分析平台系统如何影响信用卡市场的委托代理关系。

通常金融监管的目标主要有三个：一是确保金融系统的稳定性；二是提高资金配置的有效性；三是保护存款人和各类投资者的合法利益。在信用卡业务中，我们着重强调稳定性与效率，这两个目标有时会存在一定程度的冲突，比如很多金融创新会带来资金配置的效用，但是同时也带来很多潜在风险，对金融创新的监管就面临着稳定与效率的平衡。对于信用卡业务而言，商业银行是银行卡产业的重要参与方，银行卡业务是其传统资产负债业务之外重要的零售银行业务，随着银行卡产业的发展，同时也带来一些影响支付系统不稳定的因素。金融机构与其他企业不同，金融机构的资产和负债之间存在不同的流动性，一旦某些业务出现相对大的违约损失，会直接影响到金融机构的生存状态。金融机构之间存在广泛的联系，使得少数金融机构的破产可能会蔓延到其他金融机构，从而动摇社会对整个金融体系的信心。为此，对金融业务风险的监控是金融监管部门一项重要职责。

下面我们通过在信用卡市场中引入监管，讨论金融监管如何影响信用卡业务中的风险。在监管中存在多重委托代理关系：一是发行银行作为委托人与信用卡申请人之间的委托代理；二是监管部门与发行银行之间的委托代理关系，此时发行银行作为监管过程中的代理人。

（二）模型

在上一部分的模型基础上引入金融监管部门，先讨论在垄断环境下的信用卡监管，然后讨论竞争市场的信用卡监管，并着重讨论监管对于信用卡市场风险的影响。

监管部门关注信用卡发行银行信贷资产的质量，信贷业务中的违约率直接影响到资产的风险程度。巴塞尔协议对银行信贷资产的风险非常关注，刻画银行整体风险的一个指标——资产负债率，其中的资产是通过以风险为权重的各类资产的加权，为此降低各类信贷业务的违约率将会提升银行资产的质量。市场本身也构成了对银行的某种约束，比如评级公司对银行资产的风险评估也在一定程度上激励银行强化风险管理。然而市场对银行的激励和约束还存在很多不完善的地方，即使以商誉为资本的评级公司对于金融机构的评估也会存在一些问题，比如在 2007 年金融危机中对一些金融机构的资产风险评估上，另外市场上存在很多心理因素会引发类似"羊群效应"，都会影响到市场对于金融机构的激励和约束效率。

在银行的监管上，由于存在信息不对称，为此下面主要通过激励性的监管来讨论对银行信用卡业务上的风险监控。Laffont 和 Tirole（1993）[1] 创建了一套在不对称信息下的激励性监管理论，其核心在于通过合约安排来激励被监管机构。

在前面的分析中影响信用卡风险主要有两个因素：一是过高的信用卡利率使得申请者的资信结构变差；二是信用卡发行银行没有激励采取更高的审查强度。由于监管机构主要目的在于控制信用卡业务的风险，为此有两种可能的工具：一是控制信用卡的利率；二是对银行降低信用卡违约率提供一个激励性的监管合约。控制信用卡的利率在美国曾经一度实施过，但是由于对银行业务的过度干涉[2]，导致市场的效率变低。下面主要通过信用卡的违约实施的激励性监管，来讨论监管对于信用卡市场的风险影响。

假设监管机构通过一个基于违约率的惩罚成本来实施激励性监管，假设在监管合约中，监管采取线性合约形式，当银行的信用卡违约率为 d 时，银行会承担一个 $d\delta$ 的成本，其中 δ 是违约率惩罚强度，然而最优的惩罚强度不可能无限高，因为信用卡业务总会存在一些违约可能，如果惩罚强度过高，银行就没有激励开发信用卡业务，从而会导致市场的关闭，这无疑降低了消费信贷的市场效率，然而监管的目标是在效率和风险上寻求某种平衡。成本可以有很多形式，比如通过对信用卡业务的违约风险以更高的风险评估来减少银行的信贷规模，或者依据违约率水平实施对银行业务的限制程度等，这些不同的政策都会增加银行的成本。先讨论银行的信用卡违约率，这是可观察的情形，但是监管机构对银行的信用卡审查力度是不可知的情形，我们会在稍后讨论当信用卡违约率是不可观察的情形，即需要通过激励机制使得银行来披露自身的信用卡违约率，或者通过其他方式比如外部性的监督安排来了解银行信用卡的违约率。

在引入监管之后，我们的模型结构如下：第一，监管机构与信用卡银行之间签订基于信用卡违约率的监管合约；第二，信用卡银行规定利率 R 和审查力度 q；第三，不同类型的消费者选择是否申请；第四，基于信用卡用户的类型，银

① Laffont, J. and J. Tirole (1993), *A Theory of Incentives in Procurement and Regulation*, MIT.

② 此外，由于美国各州有不同的政策，很多信用卡发行公司可以通过一些变通方法，比如在没有利率限制的州开设分支机构，绕过这种对信用卡利率控制的约束。

行收回本金和利息。

模型的设定与之前相同：有两类不同资信的顾客，用还款能力（概率）来刻画申请者类型，$\beta \in \{\beta_h, \beta_l\}$，其中 $\beta_h > \beta_l$，β_h 类型的概率为 ρ。每类消费者对未来透支消费的效用类型为 $x \in \{x_h, x_l\}$，x_h 类型的概率为 γ，$x_h > x_l > 1$，效用类型与还款类型是独立分布的。假设所有参与人都是风险中性的。

银行可以选择其审查的两种强度 $q_0 = 0$ 以及 $q_1 > 0$，在此时审查强度下，出错的概率为 $1 - q$，假设审查成本为：

$$c(0) = 0, \ c(q_1) = C$$

（三）分析

对于 $t_{ij} = (\beta_i x_j)$ 类型的消费者来说，是否申请信用卡依赖于下面的条件是否成立：

$$x_j - \beta_i R \geq 0$$

令 R_{ij} 是 t_{ij} 类型的消费者接受的最高利率，为此我们可以得到：

$$R_{ij} = x_j / \beta_i$$

对于银行的利率选择而言，只有两种情形 $\{R_{hh}, R_{hl}\}$。

1. 垄断市场下的监管

（1）在利率为 R_{hh} 下，此时除了 t_{hl} 类型外，其他类型的消费者都会来申请信用卡，在 q 的审查强度下通过银行审查的申请者的期望还款概率为：

$$E(\beta \mid R_{hh}) = \widetilde{\beta} = \frac{\rho \gamma \beta_h}{\rho \gamma + (1 - \rho)(1 - q)}$$

银行的期望利润（不考虑资信审查成本）为：

$$\Pi(R_{hh}) = k_h(R_{hh} E(\beta \mid R_{hh}) - 1 - E(1 - \beta \mid R_{hh})\delta)$$

$$= k_h \left(\frac{\rho \gamma (x_h + \beta_h \delta)}{\rho \gamma + (1 - \rho)(1 - q)} - 1 - \delta \right)$$

其中

$$k_h \triangleq \rho \gamma + (1 - \rho)(1 - q)$$

与没有监管相比，监管使得银行承担一个基于违约率的惩罚成本。同时由于 $\tilde{\beta}<1$，为此，当 δ 很大时，银行的期望利润会小于零，此时银行就不会发行信用卡。

（2）在利率为 R_{hl} 下，所有类型的消费者都会来申请信用卡，在 q 的审查强度下通过银行审查的申请者的期望还款概率为：

$$E(\beta \mid R_{hl}) = \hat{\beta} = \frac{\rho\beta_h}{\rho + (1-\rho)(1-q)} > \tilde{\beta}$$

银行的期望利润（不考虑资信审查成本）为：

$$\Pi(R_{hl}) = k_1(R_{hl}E(\beta \mid R_{hl}) - 1 - E(1-\beta \mid R_{hl})\delta)$$

$$= k_1\left(\frac{\rho(x_l + \beta_h\delta)}{\rho + (1-\rho)(1-q)} - 1 - \delta\right)$$

其中

$$k_1 \triangleq \rho + (1-\rho)(1-q)$$

我们得到，如果

$$\gamma x_h - x_l + (1-\gamma)(1+\delta-\beta_h\delta) > 0$$

银行会有激励选择高均衡利率 R_{hh}。

由于

$$\frac{\partial}{\partial\delta}(\gamma x_h - x_l + (1-\gamma)(1+\delta-\beta_h\delta)) = -(1-\gamma)(1-\beta_h) < 0;$$

$$\frac{\partial}{\partial\beta_h}(\gamma x_h - x_l + (1-\gamma)(1-(1+\beta_h)\delta)) = -(1-\gamma)\delta < 0$$

下面的结论1总结了在监管中引入对违约率的惩罚机制对银行的利率选择的影响。

结论1：当对信用卡的监管中引入对违约率的惩罚强度时，银行就有更高的激励选择低的均衡信用卡利率，从而有利于降低由于高利率引起的资信结构的逆向选择问题。此外，随着 β_h 变大，此时在给定审查下，银行有更大的激励选择较低的均衡利率。在给定审查强度下，利率越低，信用卡的市场违约风险变得越低，为此引入以违约率作为惩罚的激励性监管下，信用卡风险会下降。

结论 1 背后的逻辑很简单：由于违约对于发行银行承担额外的成本，为此为了尽可能避免损失，垄断发行机构有更高的激励去提高资信结构，从而降低违约率；此外，两种不同类型的还款概率差异对于银行提高资信水平有很大的影响，因为不同类型的还款概率差异越大，银行也越有激励去改善信用卡申请中的资信结构。

下面接着讨论在不同利率下银行的审查强度。

当均衡利率为 R_{hh}，时银行选择高审查强度的条件为：

$$C < (1-\rho)q_1(1+\delta)$$

当均衡利率为 R_{hl} 时银行选择高审查强度的条件为：

$$C < (1-\rho)q_1(1+\delta)$$

下面的结论 2 刻画了在引入激励性监管合约下，银行选择高强度审查激励。

结论 2：随着激励性监管对信用卡违约率的惩罚强度 δ 变大，此时银行将有更大的激励选择高强度的信用卡审查。

结论 2 背后的逻辑非常简单，当监管机构将违约率作为惩罚性条款，而通过高强度的审查有利于降低信用卡的违约率时，显然，银行有更高的激励去减少信用卡的违约率。由于更高的审查利率会降低信用卡市场的违约风险，为此在给定市场利率下，激励性监管将有助于降低市场违约风险。为此，由结论 1 和结论 2 可知，对于以信用卡违约率为基础的激励性管制可以降低市场的违约率。

然而对违约率的最优惩罚强度并不是无限大，下面我们讨论在激励银行选择高强度审查下，最高可能的违约率惩罚强度。

当均衡利率为 R_{hh} 同时银行选择高强度审查 q_1 下，银行发行信用卡利润大于零的条件为：

$$\Pi(R_{hh}, q_1) = \rho\gamma(x_h + \beta_h\delta) - (1+\delta)(\rho\gamma + (1-\rho)(1-q_1)) - C \geq 0$$

要使得上式大于零的条件为：

$$\delta \leq \delta(R_{hh}, q_1) = [\rho\gamma + (1-\rho)(1-q_1) - \rho\gamma\beta_h]^{-1}[\rho\gamma x_h - (\rho\gamma + (1-\rho)(1-q_1)) - C]$$

当均衡利率为 R_{hl} 同时银行选择高强度审查 q_1 下，银行发行信用卡利润大于零的条件为：

$$\Pi(R_{hl}, q_1) = \rho(x_1 + \beta_h\delta) - (1+\delta)(\rho + (1-\rho)(1-q_1)) - C > 0$$

要使得上式大于零的条件为：

$$\delta \leq \delta(R_{hl}, q_1) = [\rho + (1-\rho)(1-q_1) - \rho\beta_h]^{-1}[\rho x_1 - (\rho + (1-\rho)(1-q_1)) - C]$$

在激励性管制下，一个重要的约束就是参与约束。如果不考虑银行开展信用卡业务的机会成本，在均衡利率为 R_{hh} 下最优的惩罚强度就是 $\delta(R_{hh}, q_1)$，在均衡利率为 R_{hl} 下最优的惩罚强度就是 $\delta(R_{hl}, q_1)$。下面的结论 3 刻画了对银行的最优监管强度。

结论 3：对银行基于违约率的最优惩罚强度是有界的，同时随着审查成本 C 的下降，随着 γ，q_1，ρ，β_h，x_1，x_h 的增大，最优惩罚强度变得更大。

结论 3 背后的逻辑是当审查成本变小，β_h 类型比例增加，或者 x_h 类型比例增加，以及 β_h，x_h 本身值的增加都会增加信用卡企业的利润，此时满足信用卡企业参与约束的惩罚强度有更大空间。

当监管机构不能无成本获取信用卡发行银行的违约率数据时，由于披露信用卡违约率会直接增加银行的惩罚成本，此时单纯的以违约率为基础的监管合约将无法执行，此时需要引入其他一些变量，比如引入监管机构本身的监督审查（比如审计）的强度，或者通过银行本身治理结构来迫使银行真实披露，同时也可以通过其他一些政策工具，比如对未来银行在信用卡违约率堆积下需要外部介入时，可以把介入的强度和措施与银行之前的汇报联系起来，使得披露真实的违约率成为银行激励相容的行动。为此，不管上面的方式如何，激励信用卡发行企业披露信息，需要在一定程度上降低以违约率为基础的激励（惩罚）强度。

2. 竞争性市场的监管

在信用卡竞争性市场结构下，被监管机构有多个。在激励性监管中，当在多个监管对象下监管合约有更大的实施空间，比如通过标尺竞争等以及其他相对绩效激励的方式。不过这些方式大多是在一个组织内部实施的，比如在员工工作努力的激励中，可以通过锦标赛来实施，在中国地方政府的激励机制中，一个重要的方式是通过对 GDP 的相对绩效决定未来晋升可能性来进行激励的。我们讨论的对信用卡市场的激励性管制，更多的是从外部施加一些指标来控制和影响银行的行为，不过在多家信用卡发行银行的监管下，对信用卡违约率的披露会变得更为容易，对银行信用卡违约率的信息披露，这里不做展开。这里我们简单地假设监管机构可以获得与被监管银行相关的信息和数据。同样我们在上一部分信用卡企业竞争中引入监管。

这里的模型结构为：第一，监管机构制定一个关于违约率为基础的监管合约；第二，银行选择利率工具或者其他一些工具；第三，消费者选择是否申请信用卡，以及在哪家机构申请；第四，信用卡发行机构对其不同类型的顾客回收本金。

（1）利率竞争。

下面讨论在利率竞争中引入激励性监管。

两家信用卡公司在均衡是资格审查力度为 $q = 0$ 的情形。令 R^b 是两家企业选择的均衡对称利润，当 $R_{hh} \geqslant R^b > R_{hl}$，此时信用卡发行银行的利润为：

$$\frac{k_h}{2}(R^b \widetilde{\beta}(q_0) - 1 - (1 - \widetilde{\beta}(q_0))\delta) = \frac{k_h}{2}((R^b + \delta)\widetilde{\beta}(q_0) - 1 - \delta)$$

其中，$\widetilde{\beta}(q_0) = \dfrac{\rho\gamma\beta_h}{\rho\gamma + (1 - \rho)(1 - q_1)}$

在纯粹的利率竞争中，竞争会使得所有企业的利润为零，为此 R^b 满足：

$$R^b = \frac{\rho\gamma(1 - \beta_h) + (1 - \rho)(1 - q_1)}{\rho\gamma}(1 + \delta)$$

如果上面的利率选择是对称均衡的话，那么此时没有银行会选择 R_{hl} 水平的利率。此时意味着：

$$R_{hl}\hat{\beta}(q_0) - 1 - (1 - \hat{\beta}(q_0))\delta < 0$$

其中，$\hat{\beta}(q_0) = \dfrac{\rho\beta_h}{\rho + (1 - \rho)(1 - q_1)}$

此时如果 δ 很大，上面的式子会成立，当 $R^b > R_{hl}$ 成立时：

$$R^b = \frac{\rho\gamma(1 - \beta_h) + (1 - \rho)(1 - q_1)}{\rho\gamma}(1 + \delta)$$

然而如果市场没有施加监管，我们得到银行在竞争的均衡利率为：

$$\min\left\{ R_{hl}, \ \frac{\rho + (1 - \rho)}{\rho\beta_h} \right\}$$

为此，在竞争市场中施加以违约率作为惩罚的激励性监管可能会使得信用卡利率增加，这就意味着在这种情形下施加激励性合约会失效，即反而会增大信用卡市场的违约风险。此时一个更直接有效的监管方式，是对信用卡利率的控制，不过要权衡的是施加信用卡利率的控制下风险与效率的平衡。

此外，在 q = 0 的情形下，存在多重均衡的可能性：

当 $R^b \leqslant R_{hl}$，此时对称的利润为：

$$\frac{1}{2}\left(R^b \hat{\beta}(q_0) - (1 - \hat{\beta}(q_0))\delta \right)$$

此时对称的均衡利率为：

$$R^b = \min\left\{ \frac{\rho(1 - \beta_h) + (1 - \rho)(1 - q_1)}{\rho}(1 + \delta), \ R_{hl} \right\}$$

通过上述分析，我们发现在利率竞争中，竞争均衡利率随着惩罚强度 δ 而增加，这是因为在竞争中，成本的增加会转移到申请者。

当 $q = q_1$ 的环境下，由于存在固定成本，纳什均衡可能不存在，但是在防削价均衡中，对违约率施加成本，在利率竞争中同样会把成本转移到消费者身上。

为此，相对于没有施加违约率为基础的激励性监管，在竞争的环境下，金融监管会使得信用卡的利率上升，这是因为对违约率的惩罚会增加信用卡银行的发行成本，在竞争的环境下，发行成本会转移到信用卡用户，从而增加了信用卡的利率，而这可能会违背监管本身的意图，即以降低信用卡违约风险为目的监管可能起到反效果。

下面的结论 4 是关于利率竞争下激励性监管对利率和信用卡市场风险的影响。

结论 4：在利率竞争中，对信用卡违约率的监管增加了发行的成本，会提高竞争中市场的利率，从而会增加信用卡的市场风险。

（2）非价格的竞争。

下面我们讨论非价格竞争中，激励性监管对于信用卡市场风险的影响。在非价格竞争中，信用卡银行通过选择审查强度作为竞争工具。

假设信用卡机构的利率为 R^b，当 $R_{hh} \geq R^b > R_{hl}$ 时，如果激励信用卡发行机构选择高的审查强度，此时在对称均衡中需要满足如下条件：

$$\frac{1}{2}\left[(R^b + \delta)\rho\gamma\beta_h - (1+\delta)(\rho\gamma + (1-\rho)(1-q_1^2))\right] - C > \frac{1}{2}\left[(R^b + \delta)\rho\gamma\beta_h - (1+\delta)(\rho\gamma + (1-\rho))\right]$$

或者：

$$C < \frac{1}{2}(1+\delta)(1-\rho)q_1^2$$

当 $R^b \leq R_{hl}$ 时，激励发行机构选择高审查强度的条件为：

$$\frac{1}{2}\left[(R^b + \delta)\rho\beta_h - (1+\delta)(\rho + (1-\rho)(1-q_1^2))\right] - C > \frac{1}{2}\left[(R^b + \delta)\rho\beta_h - (1+\delta)(\rho + (1-\rho))\right]$$

或者：

$$C < \frac{1}{2}(1+\delta)(1-\rho)q_1^2$$

下面的结论5刻画了在非价格竞争下激励性管制对于发行银行审查力度的影响。

结论5：在非价格竞争下，激励性管制政策会提高信用卡发行机构对于审查的激励，从而降低市场的违约风险。

结合结论4和结论5，以违约率为基础的激励性管制在不同的竞争环境下有不同的效果，在以利率价格为主要的竞争态势下，激励性管制的强度变大会提高发行机构的成本，在竞争中成本的增加会使得均衡利率增加；在以非价格为主要的竞争态势下，激励性管制强度的变大会激励信用卡发行机构的审查力度，这对于市场风险的降低是有益的，为此以违约率为基础的管制需要平衡来自提高审查强度带来的风险降低和由此带来利率增加引起的风险增加。如前所述，信用卡的市场风险来自两个方面：一是信用卡审查的激励；二是利率产生的逆向选择问题。对于信用卡市场的风险控制的监管，竞争性市场上，单一的监管手段可能会带来负面的影响，此时多重监管手段，比如信用卡利率控制和基于违约率基础的激励合约的组合，对于控制信用卡市场的风险会更有效。

下面我们总结本部分的一些结论：当信用卡市场竞争强度低，或者企业具有较高的市场势力下，对信用卡实施以违约率为基础的激励性管制会同时降低企业的信用卡利率和增加审查成本；然而，如果信用卡竞争强度大时，市场主要采取利率竞争时，以违约率为基础的激励性管制将加大发行企业的成本，从而可能提高信用卡的利率；而在非价格竞争中，以违约率为基础的激励性管制将提升信用卡企业对用户的审查力度。为此，对于信用卡监管，并不是统一的，在不同的环境下，需要采取不同的管制手段，或者采取管制工具的组合。

五、复杂支付市场结构与委托代理模型的扩展

（一）引言

随着在世界范围内支付手段与现代科技的结合，新型支付工具日新月异，消费者的支付方式从传统的现金支付为主向卡基以及电子化网络化支付为主转变。"根据中国人民银行网站发布的2011年支付运作体系运行情况的数据，截至2011年末，全国累计发卡量为29.49亿张。其中，借记卡累计发卡量为26.64亿张，信用卡累计发卡量为2.85亿张，全国人均拥有借记卡2.2张，信用卡0.21张。2011年，全国共发生银行卡业务317.8亿笔，金额为323.83万亿元……全年银行卡渗透率达到38.6%。受理市场方面，截至2011年末，银行卡跨行支付系统联网商户318.01万户，联网POS机具482.65万台，ATM机33.38万台"。[①]

---

① 曹红辉、李汉等：《中国第三方支付行业发表蓝皮书（2011）》，中国金融出版社2012年版。

卡基支付模式，与传统现金支付不同，有更多的参与主体。以银行卡为例，参与主体至少包括以下方面：消费者（银行卡的拥有者）、商户（银行卡支付的接收方）、银行卡发卡机构、银行卡收单机构，以及银行卡组织。与此同时，银行卡支付方式具有双边市场的特征。支付系统的双边市场特征，有时又称为平台网络，笼统地讲，在市场中存在通过一个中介或者平台连接的两类或者多类参与人（用户），每一类参与人都会在平台中影响其他参与人，或者说存在交叉性的外部性。在平台两端（或者多端）的用户对平台服务的需求具有互补性，比如银行卡拥有方的消费者，对银行卡的评价依赖于接受银行卡支付的商户的数量；与此同时商户对银行卡支付服务的评价依赖于银行卡用户的规模。这种双边市场特征在很多行业普遍存在，比如软件平台、出版媒体、婚恋市场、游戏平台等。双边市场的理论主要讨论平台的策略和行为，特别是对不同类别顾客的服务定价。

双边市场的主要特征就是来自不同类别顾客之间的外部性，这种外部性来自多个方面，比如交易量的外部性以及客户规模的外部性，比如在支付平台中有两类顾客：一类是消费者；另一类是商户。消费者关心在平台另一侧有多少家商户接受支付卡，商户同时关心有多少顾客使用支付卡以及交易量。与此同时，双边市场另一个重要的特征是价格结构的非中性特征①，即向消费者和商户收取的费用结构会影响到双边市场的规模，价格结构的非中性是区分双边市场与单边市场的本质差异。传统经济学中，有一个价格结构中性的基础结论，即市场规模只依赖于价格总水平，比如税收对于市场的影响，只依赖于税收的税率而不依赖于向谁征收。双边市场的价格结构是双边市场理论研究的中心问题，因为它影响到双边市场如何运作。双边市场的一个核心问题是如何把各类参与人吸引到平台中，比如在支付市场中，消费者愿意使用支付卡的一个前提是要有足够多的商户接

---

① Jean – Charles Rochet and Jean Tirole （2003）, "Platform Competition in Two – sided Markets", Journal of the European Economic Association, Vol. 1, No. 4: 990 – 1029; Jean – Charles Rochet and Jean Tirole （2006）, "Two – Sided Markets: A Progress Report", The RAND Journal of Economics, Vol. 37, No. 3: 645 – 667.

受，而商务愿意接受支付卡的一个前提是有足够多的消费者使用，这是一个"先有鸡还是先有蛋"的问题①。解决这个问题通常分而治之，在价格结构上，采取非对称的策略，对某些类型的客户进行低收费甚至补贴，对于某些类型的顾客收取相对高的费用，比如在银行卡中一个广为采用的定价策略是对信用卡的拥有者，即消费者，收取一个低的费用，通常使用支付卡交易中消费者不承担费用，而且有时通常免掉年费，有时甚至对使用信用卡支付的消费者提供额外的好处，而对接受的商户则收取一个相对高的手续费。在很多双边市场中，都有类似的运作策略，比如在异性约会平台中，对女方通常收取低价或者免费甚至补贴，对男方收取相对高的会员费；在很多软件平台中，平台的收费通常主要来自某一方的顾客，比如微软的操作系统，对于应用程序开发商通常免费提供编程代码，操作系统的利润来源主要来自消费者。此外，在从动态角度来讨论平台的建立上，平台会在不同时期采取不同的定价策略，比如银行卡通常会在发行初期以非常优惠的价格来提供交易服务，等到平台发展到某个阶段慢慢提高其收费标准。

在竞争性的双边市场中，一个普遍的现象是某一侧的客户可能会同时使用多个平台（Multi–home）②，比如在银行卡双边市场中，商户通常会接受来自多家银行发行的银行卡，以及来自多个双边平台的支付，比如微信支付等，而大部分消费者通常只使用一张银行卡。这种不对称的行为方式会影响双边市场的竞争。这是因为单方持有的顾客对于平台的收益有更大的影响，为此在竞争中平台有更高的激励去竞争这些类型的顾客，此时在平台竞争中，价格竞争会优先向单方持有类型的顾客倾斜。在支付市场中，各个银行会以更大的激励去竞争消费者来申请和使用银行卡。

在信用卡的双边市场中，支付平台可以进一步分解为三个参与主体：一是发

① Caillaud, B. and B. Jullien（2003），"Chicken&egg：Competition among intermediation service providers"，*The RAND Journal of Economics*，Vol. 34，No. 2：309–328.

② Mark Armstrong（2006），"Competition in Two–Sided Markets"，*The RAND Journal of Economics*，Vol. 37，No. 3：668–691.

行银行；二是收单银行（机构）；三是银行间的清算结算组织。支付平台向消费者和商户收取交易服务费用，费用通常来说包括固定会员费和每笔交易的手续费，由于双边市场竞争态势，平台通常主要是通过向商户来收取费用，商户向收单机构支付服务费，收单机构向发行银行支付交换费（interchange fee），同时向清算结算组织支付一定比例的手续费，在国内目前三方的分配比例（发行、收单和清算组织）为 7 : 2 : 1，其中发行银行占大部分，分配方式与市场结构相关[①]，在收单市场上接近于竞争市场，而发行市场则处于寡头市场的行业格局。交换费是支付双边市场一个重要的理论问题，同时也是一个有争议的政策性问题。交换费问题最早由 Baxter（1983）[②] 提出，他认为交换费是一种以交叉补贴的方式来解决双边市场交易效率的问题。在实际中，交换费的决定则很大程度来自发行银行与收单机构之间的谈判能力。对信用卡发行机构而言，由于存在信用卡的违约风险，信用卡本身的利息收入并不是主要的，更大的收益来自在交易中从收单机构获得交换费。

（二）双边市场中信用卡的委托代理问题

下面我们在平台经济的框架内讨论信用卡市场的委托代理问题。首先需要拓展原来的模型，在双边市场中，我们关注四个参与主体：信用卡发行银行、消费者、商户和收单机构，这里我们把清算结算组织整合到信用卡发行银行的参与主体之中。同时加上商户与收单机构的谈判能力是给定的，即商户需要把交易额的一定比例交给收单机构，之后由信用卡发行银行与收单机构之间讨价还价决定信用卡发行银行的分配比例。同样，我们也先从垄断的信用卡发行市场结构开始，而后讨论寡头市场的信用卡发行市场结构。

在引入双边市场后，假设消费者除了在前面模型中从消费信贷中获得 $x \in \{x_h, x_l\}$ 的收益外，还有一个来自交易的便利性好处，记为 z，假设对所有

---

① 也可能与成本相关。

② William F. Baxter（1983），"Bank Interchange of Transactional Paper: Legal and Economic Perspectives", *Journal of Law and Economics*, Vol. 26, No. 3.

消费者都是相同的，消费者的总数设为 1。如果市场中有 α 比例的消费者获得信用卡，那么此时每次交易中商户通过接受信用卡可以获得额外收益为 αy[①]，其中 y 刻画为交叉外部性的强度。同时假设在谈判中，收单机构可以获得 $\alpha y \epsilon$ 的交易手续费，在垄断发行结构下，收单机构谈判能力为 0，同时发行机构和收单机构的成本简化为零，为此在垄断环境下发行机构获得所有的交易手续费 $\alpha y \epsilon$，为了尽可能让消费者使用信用卡，我们不妨假设除了支付信用卡透支利率外，消费者不需要额外支付信用卡使用的其他手续费。同时我们假设消费者在某个时期内使用信用卡进行交易的数量标准化为 1。

通过以上的模型的拓展，下面我们来讨论双边市场中信用卡的委托代理问题。

对于 $t_{ij} = (\beta_i x_j)$ 类型的消费者来说，是否申请信用卡依赖于下面的条件是否成立：

$$x_j + z - \beta_i R \geq 0$$

令 R_{ij} 是 t_{ij} 类型的消费者接受的最高利率，为此我们可以得到：

$$R_{ij} = \frac{x_j + z}{\beta_i}$$

此时我们得到：

$$R_{hh} = \frac{x_h + z}{\beta_h}; \quad R_{hl} = \frac{x_l + z}{\beta_h}$$

同样，我们假设银行可以选择其审查的两种强度 $q_0 = 0$ 以及 $q_1 > 0$，在此时审查强度下，出错的概率为 $1 - q$，假设审查成本为：

$$c(0) = 0, \quad c(q_1) = C$$

在利率为 R_{hh} 下，此时除了 t_{hl} 类型外，其他类型的消费者都会来申请信用卡，在 q 的审查强度下通过银行审查的申请者的期望还款概率为：

$$E(\beta \mid R_{hh}) = \tilde{\beta} = \frac{\rho \gamma \beta_h}{\rho \gamma + (1 - \rho)(1 - q)}$$

---

① 商户的收益依赖于消费者选择信用卡的比例，一个更一般的收益形式为 $f(\alpha)$，其中 $f(\alpha)$ 是 α 的递增（凸）函数，我们采取线性方式的目的是方便得到一个显示解。

银行的期望利润（不考虑资信审查成本）为：

$$\Pi(R_{hh}) = k_h(R_{hh}E(\beta \mid R_{hh}) - 1) = k_h\left(\frac{\rho\gamma(x_h + z)}{\rho\gamma + (1-\rho)(1-q)} - 1 + y\varepsilon\right)$$

其中

$$k_h = \rho\gamma + (1-\rho)(1-q)$$

在利率为 R_{hl} 下，此时所有类型的消费者都会来申请信用卡，在 q 的审查强度下通过银行审查的申请者的期望还款概率为：

$$E(\beta \mid R_{hl}) = \hat{\beta} = \frac{\rho\beta_h}{\rho + (1-\rho)(1-q)}$$

银行的期望利润（不考虑资信审查成本）为：

$$\Pi(R_{hl}) = k_l(R_{hl}E(\beta \mid R_{hl}) - 1) = k_l\left(\frac{\rho(x_l + z)}{\rho + (1-\rho)(1-q)} - 1 + y\varepsilon\right)$$

其中

$$k_l = \rho + (1-\rho)(1-q)$$

我们得到，发行银行将选择高的均衡利率，当下面条件满足：

$$\gamma x_h - x_l - (1-\gamma)(z + y\varepsilon - 1) > 0$$

同时得到：

$$\frac{d}{dz}[\gamma x_h - x_l - (1-\gamma)(z + y\varepsilon - 1)] < 0,$$

$$\frac{d}{dy}[\gamma x_h - x_l - (1-\gamma)(z + y\varepsilon - 1)] < 0,$$

$$\frac{d}{d\varepsilon}[\gamma x_h - x_l - (1-\gamma)(z + y\varepsilon - 1)] < 0$$

下面的结论 1 刻画了在双边市场上信用卡发行银行对利率选择的动机。

结论 1：在双边市场上，对于垄断的信用卡发行机构而言，随着消费者从双边市场中得到的收益越大，信用卡市场对于商户的交叉外部性越强，垄断的信用卡发行机构越会选择低的均衡利率，这有助于提高资信结构。

下面我们讨论信用卡机构的收益结构。在利率为 R_{hh} 下，信用卡机构的利润为：

$$\rho\gamma(x_h + z) - (\rho\gamma + (1 - \rho)(1 - q)) + y\varepsilon(\rho\gamma + (1 - \rho)(1 - q))$$

其中 $\rho\gamma(x_h + z) - (\rho\gamma + (1 - \rho)(1 - q))$ 的部分来自信用卡利息净收入，进一步分解，其中 $\rho\gamma(x_h + z - 1)$ 来自高资信类型的信用卡顾客的利息净收入，$-(1 - \rho)(1 - q)$ 来自低资信类型顾客的损失；$y\varepsilon(\rho\gamma + (1 - \rho)(1 - q))$ 的部分来自交换费的收入，其中 $y\varepsilon\rho\gamma$ 来自高资信类型顾客在使用信用卡后带来的交换费；$y\varepsilon(1 - \rho)(1 - q)$ 是来自低资信类型顾客带来的交换费。为此在双边市场中，即使是低资信类型顾客申请使用信用卡也可能会给信用卡公司带来收益，这种收益特征是传统信用卡业务所没有的，也正因为存在这种收益结构，会给信用卡带来更高的违约风险。

下面我们讨论信用卡发行公司的审查力度。信用卡机构会选择高的审查力度，当下面的条件满足时：

$$C < (1 - y\varepsilon)(1 - \rho)q_l$$

由于：

$$\frac{d}{dy}[(1 - y\varepsilon)(1 - \rho)q_l] < 0,$$

$$\frac{d}{d\varepsilon}[(1 - y\varepsilon)(1 - \rho)q_l] < 0$$

下面的结论 2 刻画了在双边市场中信用卡发行机构的审查激励。

结论 2：在双边市场中，随着平台经济给商户带来的交叉效应越强，即 y，ε 越大，垄断的信用卡发行机构越没有激励提高其审查申请者的资信类型，这会增加信用卡市场风险的程度。

结论 2 背后的逻辑很直接，因为增加信用卡的规模可以给平台带来更大的市场，从而可以吸引更多的商户加入信用卡的平台，信用卡机构可以从交换费中获得更大的收益，尽管这很可能会减少信用卡公司的利息收入。

下面我们讨论在竞争环境下，信用卡发行银行之间的寡头竞争如何影响信用卡市场的风险。我们主要讨论信用卡发行银行在吸引消费者方面的价格和非价格竞争。

由于在 q_1 下通常不存在纳什均衡，下面我们主要讨论在 $q = q_0$ 下，信用卡的利率竞争，下面寻求对称均衡 R^b。

当 $q = q_0$，如果 $R_{hh} \geq R^b > R_{hl}$，同时在 R^b 银行信用卡业务的利润为零，此时银行的利润为：

$$\Pi_i(R^b) = \frac{k_h}{2}(R^b\widetilde{\beta} - 1 + y\varepsilon) = 0$$

此时

$$R^b = \frac{\rho\gamma + (1-\rho)}{\rho\gamma\beta_h}(1 - y\varepsilon)$$

如果上面是均衡，那么此时需要满足：

$$\Pi(R_{hl}) = R_{hl}E(\beta \mid R_{hl}) - 1 = \rho(x_1 + z) - (1 - y\varepsilon) < 0$$

但是在假设 2 下，上面的不等式不成立，此时银行选择利率一定满足 $R^b \leq R_{hl}$。此时银行的利润为：

$$\Pi_i(R^b) = \frac{1}{2}(R^b\hat{\beta} - 1 + y\varepsilon) = 0$$

此时

$$R^b = \frac{1}{\rho\beta_h}(1 - y\varepsilon)$$

进一步得到：

$$\frac{d}{dy}R^b < 0$$

$$\frac{d}{d\varepsilon}R^b < 0$$

下面的结论 3 刻画了在寡头竞争中信用卡平台竞争利率对称策略均衡。

结论 3：在寡头利率竞争中，信用卡的市场利率竞争随着双边市场的交叉互补效应变得更为激烈，利率更低。

结论 3 背后的逻辑很简单，因为信用卡的市场份额对于双边市场的企业利润有很大的影响，为此为吸引消费者信用卡发行机构会给予很大优惠。

在竞争中，信用卡银行的利润可以分解为：纯利息收入 $\frac{1}{2}(R^b\hat{\beta} - 1) = -\frac{1}{2}y\varepsilon$，

而交换费为 $\frac{1}{2}y\varepsilon$。这就意味着在双边市场的竞争中，即使利息亏损，信用卡发行银行也有激励去发行信用卡，因为这会给它们带来交换费的收入。

下面我们讨论非利率竞争。假设信用卡机构的利率为 $R^b \leqslant R_{hl}$。

考察信用卡发行银行在审查方面的竞争策略选择。如果激励信用卡发行机构选择高的审查强度是一个对称均衡，此时满足：

$$\frac{1}{2}\left[R^b\rho\beta_h - (\rho + (1-\rho)(1-q_l^2))(1-y\varepsilon)\right] - C > \frac{1}{2}\left[R^b\rho\beta_h - (\rho + (1-\rho))\right]$$

$$(1-y\varepsilon)$$

即：

$$C < \frac{1}{2}(1-\rho)q_l^2(1-y\varepsilon)$$

由于：

$$\frac{d}{dy}\left[\frac{1}{2}(1-\rho)q_l^2(1-y\varepsilon)\right] < 0,$$

$$\frac{d}{d\varepsilon}\left[\frac{1}{2}(1-\rho)q_l^2(1-y\varepsilon)\right] < 0$$

下面的结论4刻画了在双边市场的信用卡非价格竞争中，信用卡发行银行在审查上的激励。

结论4：在双边市场中，交叉外部性效应越大，非价格竞争会导致信用卡发行银行越来越低的审查激励。

结合结论3和结论4，在双边市场中，价格竞争会降低信用卡的利率，从而吸引更多高资信类型的消费者，有利于改善信用卡的资信结构，然而对于非价格竞争，为吸引消费者使用信用卡，信用卡发行银行将弱化审查标准，从而提高信用卡市场的风险。在一些欧美国家，信用卡的利率价格有相当的黏性，此时在双边市场的结构下，竞争可能会加剧市场的信用风险。在一些国家，比如韩国出现的信用卡的危机，信用卡发行机构在竞争市场份额的过程中，放松了对信用申请者资信审查，使得信用卡市场存在很大的信用风险，并最终导致了市场的泡沫以及市场动荡。

在我们的信用卡竞争中，也有类似的问题[①]。"目前，中国多家商业银行在发卡市场竞争中十分激烈，而这往往被一些恶意持卡人利用，一人多卡的现象非常普遍"。"国内的发卡机构盲目发卡，加上审核不严的滥发，以后产生的恶果……很可能产生一大批坏账和一群没有支付能力的新'卡奴'"。

（三）网络支付市场中的其他市场风险

随着网络化的普及，出现越来越多新型的支付工具，比如移动互联支付或者网络支付。网络支付指的是依托公告网络和专用网络在收付人之间转移货币资金的行为，包括货币汇兑、互联网支付、移动电话支付、固定电话支付和数字电视支付等[②]。《2011 年度中国互联网经济核心数据发布》报告显示，仅第三方互联网支付 2011 年全年业务交易额达到 22038 亿元。

网络支付与网络购物或者电子商务密不可分，在网络购物中，由于通常存在对于物品质量的信息不对称，为此在支付市场上出现了降低由于信息不对称引发的道德风险的支付方式，在一些购物网站，比如淘宝，出现了担保型支付，消费者在网络购物时，把货款发给一个中介平台（第三方账户），等消费者收到货物，并确认交易之后，中介平台把货款打给卖家。担保型支付，提高了交易的安全性。然而当买方把资金划到中介的第三方账户后，由于存在买方与卖方之间交互时滞，会有大量的资金保留在中介账户中，使得平台存在吸收储蓄资金的法律风险。在这些第三方支付平台中，这些暂时保存客户资金的中介可能会行使类似银行的职能，比如进行资金放贷，从中获得利息，一旦这些活动没有得到相关的监管，就可能出现一些额外的风险。比如信用风险，一旦放贷的资金，由于各种因素成为坏账和呆账，将影响到支付系统的整体风险。除了信用风险外，还可能存在流动性风险，这些资金往往都是期限很短的流动资金，而放贷投资的却是期限较长的项目。

---

① 曹红辉等：《中国电子支付发展研究》，经济管理出版社 2009 年版，第 127 页。
② 曹红辉、田海山：《支付结算：理论与实务》，中国市场出版社 2014 年版，第 257 页。

此外，在网络型支付市场中，存在支付平台与消费者、商户之间关于支付服务方面的不对称信息，比如网络支付与其他支付方式之间的兼容性、支付安全性等，这些服务质量之间的不对称信息也会产生一些逆向选择或者道德风险问题，这些委托代理问题与商品或者劳务质量的委托代理问题是类似的。一方面，存在一些市场机制来克服这些关于质量的委托代理问题，比如信号机制，能提供高质量支付服务的单位更有激励提供一些类似担保等信号，通过广告等方式来显示质量的类型，以及通过声誉机制来解决短期的委托代理问题；另一方面，对金融服务相关的政府监管部门，可以制定相关的服务标准，或者强制披露相关的信息来降低信息不对称的程度。另外，通过仲裁、司法等手段解决在支付服务质量上的委托代理问题。

本部分的主要结论是：在双边市场结构下，信用卡的市场风险来自两个不同方面的影响因素：一方面，对市场份额的竞争会使得信用卡发行机构有更高的动机通过降低利率价格来吸引消费者，特别是具有较高资信类型的顾客，从而改善信用卡市场资信结构；另一方面，对市场份额的竞争使得信用卡发行机构降低了审查的标准，使得有更多低资信类型的顾客来申请，加大了信用卡市场的违约风险，此时以信用卡违约率为基础的激励性管制将在一定程度上提高信用卡发行机构的审查激励强度。

此外，在信用卡发行市场中，一个重要的制度建设是关于信用卡审查的信息共享系统，通过信息分享，可以降低信用卡申请中的恶意透支，通过对申请者区分信用等级，可以在一定程度上降低信用卡的信贷风险。

六、政策建议

（一）研究结论的总结

在理论层面上，本章先从传统的借贷关系出发讨论支付市场中的委托代理问题，与传统的抵押担保贷款不同，信用卡借贷关系中没有抵押物，此时信用卡发行机构对申请人的资格审查是减少委托代理问题最直接的方式。在信用卡借贷关系中，信用卡的利率引起的信贷配给问题和信用卡机构对申请者的审查力度是影响信用卡市场风险的两个重要因素。在市场竞争的环境中，不同的竞争态势会影响到市场的风险，通常信用卡利率的竞争有利于降低信贷配给问题相关的委托代理问题，然而非价格竞争会弱化信用卡机构的审查努力。在监管中，以违约率作为目标的激励性监管在非竞争市场中有利于降低信用卡利率，缓和信贷配给相关的委托代理问题，同时有利于提升信用卡机构的发行审查激励。然而在竞争环境下，控制违约率的监管会增加信用卡发行的成本，在价格竞争中成本一定程度上会转移到信用卡的利率中，导致更严重的信贷配给相关联的委托代理问题，在非价格竞争中，控制违约率为目标的监管将有利于提升发行银行的审查激励。在双边市场中，在发行市场中的竞争，在一定程度上会缓和与信贷配给相关联的委托代理问题，然而发行机构会放松对于信用卡申请者的审查，此时引入以违约率作为目标的监管将有利于提升信用卡发行机构对资信审查的激励。

（二）政策建议

首先，关注信用卡市场的利率水平，避免追求过高的利润导致逆向选择进而引发大规模的信用风险。

其次，提高对信用卡发行银行的违约风险的监测，建立一套关于信用卡审查的规范流程，并加大个人信用数据库的建设。

再次，在信用卡的审查和授信额度上，一方面增强银行的风险管理意识；另一方面通过激励性监管手段，提高信用卡发行机构的审查激励强度。

最后，在信用卡市场中，规范市场竞争，减少并杜绝以降低资质为手段的恶性竞争。

（三）研究中存在的问题及展望

本章在理论方面分析了信用卡市场中的违约风险，然而现实中支付市场还有其他风险，比如流动性风险、支付工具的安全性等问题，本章没有涉及。此外，在双边市场上产业监管，比如对于市场上的垄断与竞争相关的问题，本章也未涉及。

对信用卡市场效率和风险的分析，本章主要从信用卡利率以及信用卡审查两个方面入手来讨论，然而现实中影响信用卡市场效率和风险的因素非常多，纳入其他一些因素可能在一定程度会修正本章的一些定性结论。本章对信用卡市场竞争的刻画也相对简单，现实中信用卡公司采取各种各样的竞争手段和策略，这些不同的竞争和手段对于信用卡市场风险的影响在未来需要做很多深入细致的讨论。此外，本章也没有深入讨论信用卡市场与其他市场之间支付的互动联系，比如互联网支付、移动支付与银行卡支付之间会存在一些复杂的竞争与合作的关系，对这些问题的讨论在未来也需要做更多的研究。

双边市场是信用卡，以及其他支付工具的一个非常重要的市场特征。本章做了一些基础性的分析，与平台经济相关的更多的问题，比如不同支付平台之间的竞争策略、支付平台之间的互联互通问题、市场的结构动态变化等问题都会对支付市场产生深远的影响。

参考文献

［1］Akerlof, G. （1970），"The Market for 'Lemons': Quality Uncertainty and the Market Mechanism", *Quarterly Journal of Economics*, 84, 488 – 500.

[2] Allen, F. and D. Gale (2000), *Comparing Financial Systems*, Cambridge：MIT Press.

[3] Armstrong, M. (2006), "Competition in Two – Sided Markets", *Rand Journal of Economics*, 37, 668 – 691.

[4] Ausubel, L. (1991), "The Failure of Competition in the Credit Card Market", *American Economic Review*, 81, 50 – 81.

[5] Ausubel, L. (1999), "Adverse Selection in the Credit Card Market", Working Paper.

[6] Ausubel, L. (2009), "Hearing on 'Modernizing Consumer Protection in the Financial Regulatory System：Strengthening Credit Card Protections'".

[7] Ausubel, L. and A. Dawsey (2008), "Penalty Interest Rates, Universal Default, and the Common Pool Problem of Credit Card Debt", Working Paper.

[8] Baxter, W. (1983), "Bank Interchange of Transactional Paper：Legal and Economic Perspectives", *Journal of Law and Economics*, 26, 541 – 588.

[9] Boyd, J. and G. De Nicolo (2005)："The Theory of Bank Risk Taking and Competition Revisited", *Journal of Finance*, 60, 1329 – 1343.

[10] Broecker, T. (1990), "Credit – Worthiness Tests and Interbank Competition", *Econometrica*, 58, 429 – 452.

[11] Caillaud, B. and B. Jullien (2003), "Chicken & Egg：Competition among Intermediation Service Providers", *Rand Journal of Economics*, 34, 309 – 328.

[12] Freixas, X. and J. Rochet (2008), *Microeconomics of Banking* (2nd Edition), Cambridge：MIT Press.

[13] Hellman, T, K. Murdock and J. Stiglitz (2000), "Liberalization, Moral Hazard in Banking, and Prudential Regulation：Are Capital Requirements Enough?", *American Economic Review*, 90, 147 – 165.

[14] Holmstrom, B. (1979), "Moral Hazard and Observability", *Bell Journal*

of Economics, 10, 74 – 91.

[15] Holmstrom, B. (1982), "Moral Hazard in Teams", *Bell Journal of Economics*, 13, 314 – 340.

[16] Jaffee, D. and F. Modigliani (1969), "A Theory and Test of Credit Rationing", *American Economic Review*, 59, 850 – 872.

[17] Kang, T. and G. Ma (2009), "Credit Card Lending Distress in Korea in 2003", in *Household Debt: Implications for Monetary Policy and Financial Stability*, Proceedings of a joint conference organized by the BIS and the Bank of Korea in Seoul, March 2008.

[18] Keeley, M. (1990), "Deposit Insurance, Risk and Market Power in Banking", *American Economic Review*, 80, 1183 – 1200.

[19] Laffont, J. and J. Tirole (1993), *A Theory of Incentives in Procurement and Regulation*, Cambridge: MIT Press.

[20] Lazear, E. and S. Rosen (1981), "Rank Order Tournaments as Optimum Labor Contracts", *Journal of Political Economy*, 89, 841 – 864.

[21] Park, C. (2009), "Consumer Credit Market in Korea since the Economic Crisis", in *Financial Sector Development in the Pacific Rim*, *East Asia Seminar on Economics*, Edited by Takatoshi Ito and Andrew K. Rose, University of Chicago Press.

[22] Repullo, R. (2004), "Capital Requirements, Market Power, and Risk – Taking in Banking", *Journal of Financial Intermediation*, 13, 156 – 182.

[23] Rochet, J. and J. Tirole (2003), "Platform Competition in Two – sided Markets", *Journal of the European Economic Association*, 1, 990 – 1029.

[24] Rochet, J. and J. Tirole (2006), "Two – Sided Markets: A Progress Report", *Rand Journal of Economics*, 37, 645 – 667.

[25] Ross, S. (1973), "The Economic Theory of Agency: The Principal's Problem", American Economic Review, 63, 134 – 139.

[26] Rothschild, M. and J. Stiglitz (1976), "Equilibrium in Competitive Insur-

ance Markets: An Essay on the Economics Imperfect Information", *Quarterly Journal of Economics*, 90, 629 – 649.

［27］Shy, O. (1995), *Industrial Organization: Theory and Applications*, Cambridge: MIT Press.

［28］Spence, M. (1973), "Job Market Signalling", *Quarterly Journal of Economics*, 87, 355 – 374.

［29］Stiglitz, J. (2008), "Principal and Agent", in *The New Palgrave Dictionary of Economics*, *Second Edition*, Edited by Steven N. Durlauf and Lawrence E. Blume.

［30］Stiglitz, J. and A. Weiss (1981), "Credit Rationing in Markets with Imperfect Information", *American Economic Review*, 71, 393 – 410.

［31］Wilson, R. (1969), "The Structure of Incentives for Decentralisation under Uncertainty", In *La Décision*, Paris: Editions du Centre National de la Recherche Scientifique.

［32］曹红辉、田海山（2014）：《支付结算：理论与实务》，中国市场出版社。

［33］曹红辉（2009）：《中国电子支付发展研究》，经济管理出版社。

第二章 互联网对银行卡清算模式的冲击和影响

一、互联网时代支付清算的创新与发展

(一) 互联网经济

作为 20 世纪人类最伟大的发明之一，互联网正逐步成为信息时代人类社会发展的战略性基础设施。1969 年在美国国防部高级研究计划署制定的协议下，加利福尼亚大学洛杉矶分校、斯坦福研究所、加利福尼亚大学和犹他州大学的四台主机连接起来，这成为互联网诞生的标志性事件。至今互联网已经历了 40 余年的发展历程，在这 40 余年中，不仅互联网的技术经历了突飞猛进的发展，而且互联网也在不断地影响着人们的生产生活。尤其自 20 世纪 90 年代以来，互联网本身的发展以及互联网对世界的改变可谓日新月异。中国自 20 世纪 80 年代末起开始自己的互联网建设，截至 2016 年 6 月，我国网民规模达 7.1 亿人，互联网普及率为 51.7%，中国的互联网已成为网民人数最多、联网区域最广的全球第一大网（见图 2 - 1）。随着网络经济和电子商务的迅速发展，互联网正在加速改变着世界，改变着人们的生产生活方式。

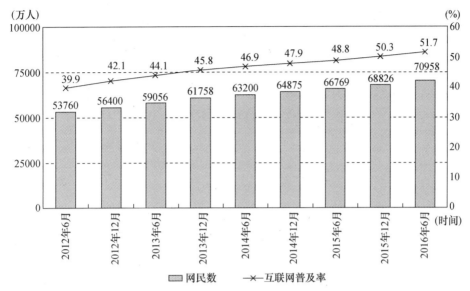

图2-1 中国网民规模和互联网普及率

资料来源：CNNIC《第38次中国互联网络发展状况统计报告》。

对于人们来说，互联网技术的引入带来的最为直观的改变，就是其作为信息及通信技术（ICT）的进步，大大降低了交易成本，提高了资源配置效率。利用现代化的网络技术的无纸化办公，从20世纪末开始，在各个领域逐渐取代了传统的办公形式。无纸化办公将人从烦琐、无序、低端的工作中解放出来从事核心事务，提高了办事效率和对信息的可控性，降低了办公成本，提高了执行力。通过信息化建设，开展电子商务、电子政务，可以快速提升组织的核心竞争力。无纸化办公改变了人们的工作方式，而网络购物则影响着人们的生活习惯。现代社会的人们越来越多地体验着网购带来的便捷，小到衣服、书籍、火车票，大到家具、汽车，甚至房屋，越来越多的东西可以通过在线购买与支付。此外，更多人体验到的互联网，还在于沟通交流方式的改变，QQ、微博这些新型便捷的沟通方式，在今天似乎变得老少皆宜，无论在工作中还是在生活中，都已经成为人们沟通交流的重要平台。此外，搜索引擎也带来了人们搜寻信息方式的改变，通过从海量信息中找到最能匹配用户需求的内容，搜索引擎极大地扩充着人们的信息量。作为一种信息通信技术，互联网技术的持续进步带来了人们生产生活方式的变革，进而也推动着经济的增长。图2-2是2012年Gartner公布的一份关于2011~2013

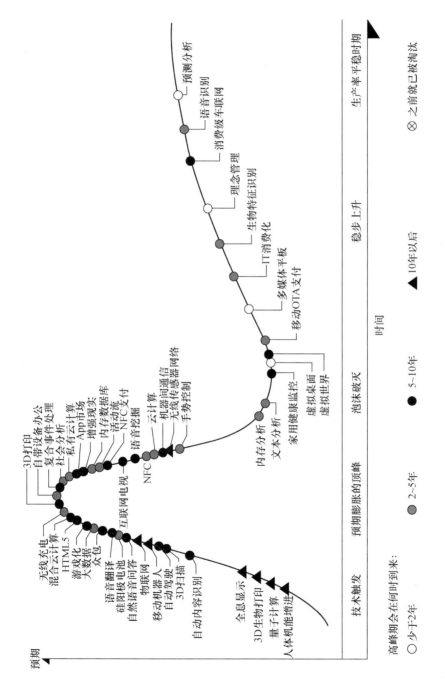

图 2 - 2 Gartner 预测互联网的发展前景

资料来源：Gartner (2012)。

年技术曲线成熟度（Hype Cycles）的报告，反映了其预测的互联网的发展前景。

从产业的角度来看，当前最直接的影响便是电子商务服务业的高速发展。电子商务服务业是指围绕电子商务的信息、交易、技术等开展服务经济的总和，包括平台交易服务（物流、资金流、信息流）、支撑服务、营销和技术衍生服务，以及其他相关的服务形态（见图2－3）。近年来，中国电子商务服务业呈现出爆发增长的态势，已逐渐成为电子商务系统的最重要组成部分，也成为电子商务创新和发展的支撑性基础力量。中国电子商务研究中心发布的《2015年度中国电子商务市场数据监测报告》显示，2015年，中国电子商务市场交易规模达18.3

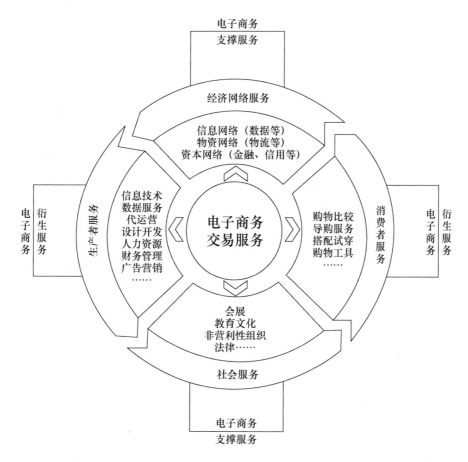

图2－3 电子商务服务生态圈

资料来源：引自支付清算研究中心课题组（2014）。

万亿元，同比增长 36.5%。其中，B2B 电子商务市场交易额达 13.9 万亿元，同比增长 39%。网络零售市场交易规模达 3.8 万亿元，同比增长 35.7%，中国网络零售市场交易规模占到社会消费品零售总额的 12.7%，比 2014 年增加 2.1 个百分点。中国电子商务市场交易规模历年变化情况见图 2-4。电子商务正在对零售、教育、医疗、汽车、农业、化工、环保、能源等行业产生深刻影响，对传统行业的升级换代起到重要作用。

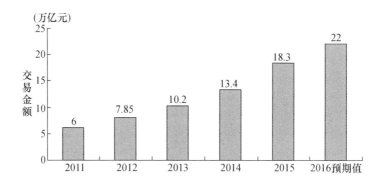

图 2-4 中国电子商务市场交易规模（2011~2016 年）

资料来源：《2015 年度中国电子商务市场数据监测报告》。

电子商务同时带动了产业链上下游发展。例如，网络零售也带动了快递服务的迅速发展，而反过来现代物流业快速发展又不断地增强了其对电子商务的支撑能力。如据国家邮政局统计，2006 年邮政体制改革时，快递每年业务量只有 10 亿件，网购规模为 500 亿元，到了 2015 年，快递业务量增长到 206.7 亿件，网购规模增长到 3.8 万亿元。其中，网购的 70% 是由快递来完成递送的。另外，同样十分重要的是，电子商务也带动了包括网上支付、移动支付、电话支付等新兴支付服务的迅猛发展。

（二）支付创新

1. 支付工具的演进历程

支付体系是支撑经济社会中各项交易活动的金融基础设施。从支付体系演进的历史可以看出，影响一个国家支付体系改革的动力主要是：金融和非金融部门的新发展对支付工具"成本—收益"的权衡、支付体系风险意识的加强和对金融稳定的关注等。对于支付体系的演进过程，可以从如下支付工具的变迁来看。

（1）商品货币。任何履行货币功能的物品必须是被普遍认可和接受的，换言之，该物品对任何人都具有价值；每个人都愿意用它来支付产品和服务。贵金属或其他有价值的物品构成的货币称为商品货币。从远古到数百年之前，在几乎每个社会中，商品货币都发挥了交易媒介的功能。单纯由贵金属构成的支付体系的问题在于，这种货币太重，很难从一地运送到另一地。特别是购买房屋之类大宗商品时，甚至要租用一辆卡车去运送货币。

（2）纸币。为了解决商品货币运输和携带不便的问题，纸币应运而生。最初，纸币附有可以转化为硬币或一定数量的贵金属的承诺。然而，之后的纸币发展成为非兑换货币，即政府宣布在支付债务时，人们必须接受它，而不能转化为硬币或贵金属。只有人们对货币发行当局充分信任，并且货币伪造极为困难时，纸币才会被接受为交易媒介。纸币和硬币的主要缺陷是容易被盗，而且，如果交易量很大，它们庞大的体积使得运送费用变得十分昂贵。

（3）支票。有了支票，相互抵销的支付便可通过冲销支票来清算，而无须运送通货，从而大大减少了交易失窃的损失，降低了金融体系的交易成本，提高了经济效率，同时，也使大额交易变得更为简便。支票的主要缺陷是：运送支票需要时日；纸质支票的处理工作的成本相当高。

（4）电子支付工具。20世纪末期以来，电子支付以前所未有的速度发展，对于传统支付体系带来令人瞠目的冲击。所谓电子支付，就是指用户通过各类电子服务终端，直接或间接向支付机构发出支付命令，从而实现货币支付与资金转移。我们可以从支付工具和支付渠道两方面来看电子支付的内涵。根据前者，可以把电子支付分为两类：一是电子账户，如借记卡、信用卡、预付费卡、电子钱包、第三方机构账户等；二是电子货币，如电子现金、数字贵金属、比特币等。对于后者，以电子支付指令发起方式进行区分，包括网上在线支付、电话支付、移动支付、销售点终端支付、自动柜员机支付等。

近年来，电子支付的蓬勃兴起，使得全球非现金支付的增长异常迅速。如凯捷咨询和苏格兰皇家银行联合发布的《世界支付报告2014》中显示，2012年全球非现金支付总量增长7.7%，达到3343亿笔。新兴市场成为非现金支付大幅增长的主力，新兴亚太地区以及中东欧、中东及非洲地区的增长率都超过了20%。其中，中国和乌克兰的非现金支付增长率超过30%，俄罗斯达到26%。

当然，电子支付与电子货币的发展，也带来了新的风险挑战，例如，交易信息可能被别有用心的人利用，在私家侦探的技术并不比国家调查机构逊色的现代社会，很难保证自己的某些隐私不被人利用。虽然电子支付的发展已经是大势所趋，但短期内要完全废除现金，无论对一个国家来说，还是对普通民众而言，都是一个风险极大的游戏。

2. 互联网时代的支付创新

近些年，互联网支付和移动支付市场持续增长，并且随着智能手机和移动互联网的日益普及，以及技术进步带来产品和服务的不断创新，互联网支付和移动支付的规模有逐步收敛的趋势，据估计，2015年互联网支付规模将同比增长15.9%，移动支付规模将同比增长60.8%（Capgemini and RBS，2014）。互联网支付的驱动力主要在于越来越多的零售品牌开始开辟线上市场，同时有关线上交易安全性的法律法规也在不断完善，这些因素均有助于提振消费者对于电子商务的信心。在移动支付领域，虽然非银行机构的交易规模增速远比银行要大，但从世界范围来看，总量上银行依然占据着绝大部分市场份额，不过二者在数据、市场支配地位、消费者忠诚度等方面的竞争越发激烈。智能手机和平板电脑已成为网购的主要设备，据估计，在美国约有7940万的消费者（占网购人群的51.0%）使用移动设备购物（Capgemini and RBS，2014），这促使许多银行致力于开发自己的手机（平板电脑）APP以及专用移动网站。不过在大多数国家NFC的使用情况令人失望，尽管苹果手机开始集成NFC功能，然而NFC的渗透率依然有限。

由于一些无法统计规模的支付创新也在持续增长，并且事实上也已经获得了客观的市场份额，这意味着对于互联网支付和移动支付的估测事实上很难真正反映实际的市场规模情况。这主要包括以下几种支付工具：

第一，闭环的预付零售卡或礼品卡。例如，沃尔玛和美国运通于 2012 年推出的一种预付卡，第一年便签发了超过 100 万张，其功能类似于借记账户，无须信用评级检查且能在 ATM 机存取现金。

第二，虚拟货币。最引人关注的当属比特币，虽然发行量较小，但已经吸引了全球的目光。此外，Ripple 同样拥有其自己的货币 Ripple 币，其支持使用者通过这个支付网络转账任意一种货币，甚至是自创的货币，简便易行快捷，交易确认可在几秒以内完成，交易费用几乎是零，没有所谓的跨行异地以及跨国支付费用。由于虚拟货币仍处于初生阶段，各国对其监管的规则差异较大，例如，美国国税局便将其视为财产而非货币，而巴西的法律则为其进行支付创造了可能性。

第三，手机钱包。许多零售商和其他组织推出了手机钱包，包括谷歌、星巴克等。例如，星巴克卡的移动 APP 连接了苹果、安卓、黑莓等系统，使得星巴克卡账户能够实现基于条形码的结账，2013 年其使用者大约有 1000 万人，平均每周交易量达到 500 万笔。

第四，电商支付。诸如 PayPal、谷歌结账、亚马逊支付等均能够使商家无须在银行或卡组织开户的情况下接受信用卡和银行转账。例如，PayPal 在 2013 年时使用储值账户便已处理了超过 1800 亿美元的支付。

3. 第三方支付

通俗地说，所谓第三方支付就是在企业和银行之间建立一个中立的支付平台，为资金流转提供流通的渠道，提供这些服务的企业就是第三方支付机构，而提供服务的平台就是第三方支付平台（见图 2 - 5）。以 2013 年全球 7 家主要第三方支付机构为例，其交易规模已超过 4000 亿美元（见表 2 - 1）。2013 年中国的电子商务交易额达到 10 万亿美元，首次超过美国，成为世界电子商务第一大国，对此，第三方支付功不可没。

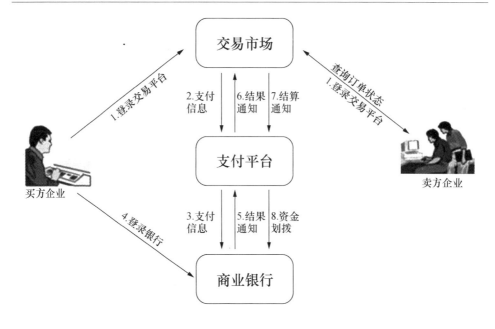

图 2 – 5　第三方支付平台流程

资料来源：引自杨涛（2015）。

表 2 – 1　2013 年全球主要第三方支付机构交易规模

机构名称	国家	交易规模（亿美元）
PayPal	美国	1800
Authorize. net/Cybercourse. com	美国	1000
ConCardis	德国	323
Amazon Payments	美国	304
Google Wallet	美国	270
Square	美国	200
iDEAL	荷兰	143

资料来源：引自杨涛（2015）。

　　根据荷兰在线交易咨询公司 Innopay 所做的市场调查，2013 年全球电子商务活动使用的电子支付笔数已由 2009 年的 151 亿笔增长到 2013 年的 313 亿笔，而其中非银行类支付机构的交易笔数由 2009 年的 9 亿笔增长到 2013 年的 38 亿笔（其占电子支付总笔数的比例也由 2009 年的 6.0% 上升到 2013 年的 12.1%）。第三方支付可通过提供增值服务，帮助商家网站解决实时交易查询和交易系统分析。

从支付模式来说，与互联网相关的支付手段创新，主要包括 PC 互联网支付和移动互联网支付。当然在现实中，银行和非银行金融机构都是其重要推动者，但是非银行的第三方支付组织拥有相对更灵活的创新机制和动力，并且走在了许多新型电子支付工具创新的前列，也带来了以支付为载体的其他金融服务功能整合。

第一，从欧美国家的情况来看，在零售支付领域，非银行支付已经逐渐与银行间支付的交易量相比肩，在我国，第三方支付是指具备一定实力和信誉保障的非银行机构，借助通信、计算机和信息安全技术，采用与各银行签约的方式，用于和银行支付结算系统之间建立连接的电子支付模式（曹红辉和李汉，2012）。实际上，用户放在第三方支付平台的资金相当于活期存款，但支付平台不属于金融机构，不能为用户提供利息收入，用户缺乏动力在支付平台留存大额资金。在此情况下，基于第三方支付平台的货币市场基金模式应运而生，这也是支付渠道与互联网财富管理的有效结合。

第二，国外第三方支付（代表性公司：PayPal、Eway、Google Wallet）市场发展一方面依托个人电子商务市场而起源、壮大和成熟；另一方面向外部的专业化、垂直化电子商务网站深入拓展。非银行类第三方支付机构近年来蓬勃发展引人注目，根据荷兰的独立在线交易咨询公司 Innopay 所做的市场调查，全球非银行电子支付的交易数量在 2008 ~ 2012 年复合增长速度接近 30%（马梅等，2014）。

第三，随着移动通信设备的渗透率超过正规金融机构的网点或自助设备，以及移动通信、互联网和金融的结合，全球移动支付交易增长迅猛。例如，在肯尼亚，手机支付系统 M - Pesa 的汇款业务已超过其国内所有金融机构的总和，且已延伸到存贷款等基本金融服务，特别需要关注的是，其并不是由商业银行运营。

荷兰阿姆斯特丹支付技术公司 Adyen 发布的移动支付指数报告显示，在截至 2015 年 12 月 31 日的第四季度，通过移动设备浏览器完成的全球在线交易首次超过了 1/3（34%），其中亚洲地区的主要支付方式（包括日本 JCB、银联支付和支付宝）显著带动了移动支付的增长。

由于第三方支付平台可以对交易双方的交易进行详细记录，第三方支付利用其交易市场建立的用户数据，可以用支付的方式来收集各行业数据。除了一般的网上购物，还扩展到福利管理、差旅管理、资金归集等现金管理业务，以及代扣保险费、"保理"、垫付式"流水贷"等金融业务。另外，第三方支付利用其数据资源，通过与其他行业进行合作开发终端、入股其他行业等，深度接入行业，更可能加深行业合作，为其提供定制化行业解决方案。而在移动支付方面，各种技术呼之欲出，更是朝着便捷化、多元化的方向不断发展。以美国最大的支付公司 PayPal 为例，其坚定地支持 BLE 技术，并发布了利用 BLE 技术的移动支付硬件设备 PayPal Beacon。与其他产品不同，PayPal Beacon 连接到互联网，顾客支付全程不需要掏出手机，即使信号很差或没有信号也可完成支付。

（三）银行卡清算市场的发展与问题

1. 美国银行卡清算市场发展路径

早在 19 世纪初期，美国的商家与金融中介就已开始为农产品和耐用品提供信贷。到 20 世纪初期，美国的大型宾馆和百货公司（department stores）向主要商户（valued customers）发行票据识别卡（paper identification card），一方面，持卡人向店员出示票据识别卡时，可以立即确定他的商誉与地位，因而得到较好的服务与较多的优惠；另一方面，对发卡人来说，通过这一措施，巩固高端商户对其产品的忠诚消费。在此期间，这些卡只用于或主要用于在发行信用卡的商店购买商品时进行融资，它们的使用范围仍然受到限制。

1949 年，大莱俱乐部（Diners Club）发行记账卡（charge card），持卡者可以购买不同商户的商品和服务，因此迅速地被全国所接受。记账卡主要用于娱乐和消费支出，Diners Club 对每笔交易收取 7 美分的费用。大莱俱乐部发现，与没有持记账卡的商户相比，持记账卡的商户往往消费得更多。在接下来的 10 年里，大莱俱乐部模式被不断复制。由于不能使大商家以及银行直接服务范围之外的商家加入，它们的使用范围仍然受到限制。

在 20 世纪 50 年代后期，美洲银行首先发行信用卡，在那个时期，由于受到法律限制，银行不能跨州设立分支机构，因此，没有全国性的银行。为了与大莱俱乐部竞争，美洲银行扩大了信用卡适用范围，即赋予其他银行发放美洲银行信用卡的权利，以增加信用卡持有者数量与扩大信用卡使用范围；成立国际信用卡服务公司，该公司是封闭性的。随着信用卡的使用越来越广泛，交换的复杂度越来越高，同时，在决策与操作方面，其他银行的参与诉求与日俱增，各个银行的不断博弈，使得美洲银行银行卡清算组织逐渐演变成非营利、会员制公司——早期的 VISA 国际组织。

VISA 国际组织的业务主要包括以下方面：通过安全可靠的、全球化的集中处理平台 VISA Net，为金融机构和特约商户客户提供交易处理服务；VISA 开发和管理支付产品平台，帮助金融机构向其客户提供更丰富的支付选择；VISA 拥有并管理 VISA 的品牌及基于 VISA 品牌的一切支付产品；VISA 不断研究如何利用其规模化的网络资源和先进的支付技术和经验，进一步延伸数字货币的价值，并使其惠及世界上更多地方的、更多的人们，使得他们也能够享受到电子支付带来的价值。

截至目前，VISA 是最具代表性的、全球性信用卡联合组织，其通过数字货币而非现金与支票连接着遍布全世界 200 多个国家和地区的消费者、企业、银行和政府。VISA 的支付创新，为各种财务产品和专业服务开拓了全新领域，提供了多元化选择、方便快捷的服务，以及妥善理财的能力，VISA 的数据处理网络每秒钟可处理 20000 多笔交易。此外，需要注意的是，在企业架构方面，VISA 已经实现了由非营利的会员制机构向公司制的转型。

此外，在 1966 年，美洲银行推广信用卡成功之时，一个竞争性的银行网络"同业银行卡协会"出现，同业银行卡协会后来发展成为万事达国际组织，与其他类似协会不同，同业银行卡协会不是由一家银行统辖，而是由会员银行组成的委员会共同管理。委员会制定有关授权、清算和结算等方面的规章制度并负责协会的营销、安全和法律事务。在 2002 年之前，万事达国际组织是非营利、会员制公司，2002 年，万事达国际组织成为第一个转换为私人股份公司的银行卡清算组织，并与欧洲国际支付组织合并。

20 世纪 80 年代以来，在信用卡市场中，大多数银行所发行的卡都属于一个或同时属于两个主要的以银行卡为主体的国际性银行卡清算系统——VISA 与万事达，尼尔森发布的《2014 年全球银行卡产业》报告显示，2014 年这两家卡组织在全球的市场份额达到 55%。

除了 VISA 和万事达之外，美国运通也是值得关注的一家银行卡清算组织。在成立之初，"美国运通"的名字几乎等同于"美国快递"，运通公司为银行运送小型包裹、股票凭证、支票、现金和其他金融工具等，这比从事运输传统的大体积的货物有更大的利润空间，很快，美国运通公司缩小了包裹和货物运输业务规模，以便将来创立和出售自己的金融产品。1882 年，美国运通公司开始涉足邮政汇票业务，并立即获得成功，随后，公司发行了全球第一张旅游支票，并在发行后的 10 年内保持着每年超过 6 亿美元的高销售额；1958 年，美国运通卡正式发行；随着美国运通卡的国际银行卡业务与旅行支票业务不断增长，1962 年，运通将信用卡与旅游服务两类业务很好地结合起来，服务于高端客户。20 世纪 70 年代末期，和同时代的很多大公司一样，美国运通开始了全球整合战略，收购了 Shearson Loeb Rhoades、First Data Resources、Trade Development Bank、Lehman Brothers Kuhn Loeb、Investors Diversified Services 等公司。

运通公司是全球信用卡领域中最大的一家独立经营信用卡业务的跨国公司，同时，它还做发卡业务和收单业务，是一家封闭性的银行转接清算组织，每年持卡人向运通公司缴纳费用，同时特约商户向运通公司缴纳佣金。目前，美国运通公司年营业收入超过 300 亿美元。

如今，美国银行卡市场已成为全球交易规模最大、发展最成熟的市场。根据美国商务部的预测，2015 年美国个人购买性消费支出为 10.09 万亿美元，其中通过银行卡完成的交易额达到 5.96 万亿美元，占比 56.07%；在银行卡支付中，信用卡支付达到30.99%。虽然在互联网时代支付创新迅速发展，参与主体逐步增多，但美国银行卡收单机构开展收单业务仍普遍基于卡组织模式，在国际银行卡清算机构制定的业务规则下进行银行卡的交易处理。例如，全球最大的互联网支付机构PayPal在处理银行卡交易时，仍遵循卡组织模式，将VISA、万事达等国际银行卡清算机构的交易交由它们各自的网络转接。统计数据显示，目前美国仍有超过76%的银行卡跨机构转接数据通过VISA、万事达系统转接（夏军和高鹏飞，2015）。

2. 欧洲银行卡清算市场发展路径

与美国相比，欧元区银行卡清算组织亦有自身特色。在欧元区，法国的银行卡清算市场非常成熟。我们以法国为例，在分析欧元区转接清算的发展脉络与现状后发现，欧元区的转接清算机构种类繁多，没有发挥货币一体化的优势，远远没有实现规模经济。

鉴于此，欧元区一直致力于推动单一欧元支付区（SEPA）的建设。在产业监管方面，欧元区对银行卡清算产业的监管主要围绕市场准入与业务合规、持卡人权益保护与反垄断三个方面展开，其目的是维持金融体系的安全与稳定、保护持卡人的合法权益、降低社会支付成本。

（1）欧元区银行卡清算的发展脉络：以法国为例。

早在20世纪70年代，法国就成立了两个重要的银行卡清算同业组织，一个是由里昂信贷银行等11家法国的大银行牵头组织成立的"蓝卡"集团，另一个是以法国农业银行和互贷银行这两家联邦制银行为首组织成立的"法国欧洲卡"集团。这两个银行卡清算组织聚集了法国几百家商业银行，同时，这两个组织作为各自成员银行的代表，分别参加了两个国际银行卡清算组织，处理与国际组织之间的技术和财务方面的问题。"蓝卡"集团参加VISA国际组织，"法国欧洲卡"集团参加万事达组织。法国的银行根据自己的发行国际卡的意愿，可以选择参加"蓝卡"集团，或参加"法国欧洲卡"集团。

随着信用卡业务的发展，人们感到，全国银行卡清算组织数量还是太多，网络外部性效应不够明显。为此，1984年，法国成立了全国统一的跨行银行卡清算组织——银行卡集团。这使所有的银行在共同利益的基础上紧密地联合起来，在统一的规则下进行各自的业务活动，实现了设备资源的共享、特约商户的共享和信息的共享。

一方面，法国所有银行发的卡可以在任何一台取款机上取款，也可以在任何一家特约商户付款。另一方面，一家商户只需与一家银行签约，便可以接受任何法国银行发的银行卡付款。银行卡集团有一个统一的标识——镶嵌在蓝色和绿色交融的底板上的白色字母"CB"。

（2）欧元区银行卡清算市场的现状。

在欧元区，从交易量的角度来看，银行卡是目前最常用的支付工具，特别是廉价而高效的借记卡交易非常重要，借记卡的发展已经得到本国借记卡清算组织的支持，并辅以国际信用卡清算组织的支撑。在欧元区各自的国家，借记卡清算组织凸显了在卡支付中的独特市场地位，但其缺陷是，借记卡很少被国外接受，如果要在国外使用，只有通过联合品牌（co-branding），例如，借记卡的上面除了印有国内借记卡标识外，还需要印有国际信用卡标识。从信用卡网络来看，欧盟目前还没有形成具有全球影响力的卡品牌，仅法国、意大利、比利时等国具有本土区域性信用卡清算机构，泛欧地区及全球范围的信用卡网络依然是 VISA、万事达占据主导地位。各国的国内银行卡网络直接或间接地由银行所有，一家银行发行的卡要在不同的国家使用就必须加入不同的网络，适用不同的标准。

在卡交易得到授权后，需要进行清算与结算。在欧元区，清算与结算的路线不尽相同，POS 机和 ATM 机把授权的交易信息传输到发卡行，或者直接传输到清算机构或者收单行。收单行得到交易信息后，提取行内（on-us）交易信息，然后，当天就把其他信息传输给发卡行，或者直接传输给清算系统。

在欧元区，清算可能是双边的，但大多数情况下是多边的。清算组织可以处理清算业务，清算机构也经常运用其他支付工具完成清算。对国内交易而言，收单机构可自由选择清算组织，而跨境的清算结算交易是由 VISA 与万事达完成的。对于清算组织成员的结算而言，收单行（同时又是发卡行）结算行内交易，开放型清算组织的行外（off-us）交易是由银行间完成结算的。

整体上看，欧洲银行卡市场占全球的份额仅次于美国，然而尽管欧盟致力于建立统一的支付市场，但是转接清算组织仍然是各自为政，没有发挥货币一体化的优势。如表 2-2 所示，欧元区的转接清算机构种类繁多，远远没有实现规模经济，经过 20 年的发展，转接清算组织对消费者与商户收取的费用并没有降低，因而严重影响支付效率的提升。由于欧盟成员国在经济发展水平、人口数量、消费习惯等方面存在较大差异，加之银行卡产业政策彼此独立，从而决定了各国银行卡产业的规模和发展水平参差不齐。从银行卡交易额占 GDP 比例来看，德国、波兰、奥地利、丹麦、英国、比利时的银行卡产业较为发达，达 15% 以上；葡萄牙、斯洛伐克、芬兰、拉脱维亚和卢森堡的银行卡产业发展较慢，各国银行卡交易额占 GDP 的比例不到 5%（夏军和高鹏飞，2015）。从银行卡清算模式角度看，传统的以卡组织主导的"三方模式"（美国运通、大莱等）和"四方模式"（VISA 欧洲、万事达、Cartes Bancaires 等）依然是主要模式，其中"三方模式"主要用于信用卡，而"四方模式"则用于借记卡和信用卡，尤其以借记卡为主（Borestam and Schmiedel，2011）。

表 2-2　欧元区的转接清算组织

名称	国家	名称	国家
本国转接清算组织			
Bancontact/Mister Cash	比利时	Sofinco*	法国
EAPS（Euro Alliance of Payment Schemes）	比利时	CartaSi	意大利
		COGEBAN/PagoBancomat	意大利
Girocard/ATM	德国	JCC Payment Systems Ltd	塞浦路斯
LaserCard	爱尔兰	Bancomat	卢森堡
4B	西班牙	Cashlink	马耳他
Euro 6000	西班牙	Premier	马耳他
ServiRed	西班牙	Quickcash	马耳他
ACCORD*	法国	PIN	荷兰
Cartes Bancaires	法国	SIBS	葡萄牙

名称	国家	名称	国家
本国转接清算组织			
Cetelem*	法国	Activa	斯洛文尼亚
Cofinoga*	法国	BA Scheme	斯洛文尼亚
Finaref*	法国	Karanta	斯洛文尼亚
Franfinance*	法国	Pankkikortti	芬兰
S2P*	法国		
国际开放型转接清算组织		国际封闭型转接清算组织	
VISA	英国	JCB	日本
MasterCard	欧盟	American Express	美国
China Union Pay	中国	Diners/Discover	美国

资料来源：ECB，其中标*的表示封闭型转接清算组织。

3. 中国银行卡清算市场发展路径

中国的银行卡产业是随着改革开放的步伐发展起来的。1979 年 10 月，中国银行广东省分行与香港东亚银行签署协议，代办其信用卡业务，从此信用卡在中国内地出现。1985 年 3 月，中国银行珠海分行发行我国第一张信用卡——中银卡，标志着我国的信用卡诞生。随后我国银行卡发行的序幕被拉开。1986 年中国银行在北京推出了长城卡，1987 年中国工商银行发行牡丹卡，紧接着中国建设银行和中国农业银行发行各自的银行卡，分别命名为龙卡和金穗卡。然而，在 20 世纪 80 年代，各家发卡行基本采用各自独立的体内循环制度，各家银行的卡片和受理终端的标准不统一，同一家银行的卡片不能跨区域使用，不同银行之间的卡片也不能交叉使用，银行卡整体的使用效率非常低。

为改变各行发卡、各自为政的现状，促进银行卡的联网联合，实现 POS 机、ATM 机与网络资源共享，改善用卡环境，时任中共中央总书记的江泽民亲自倡导并由国务院批准了"金卡工程"；1994 年，"金卡工程"正式实施，北京、上海等 12 个试点城市的银行卡网络服务中心和全国总中心的筹建工作开始启动。

1997 年 10 月 30 日，在人民银行的组织推动、各商业银行的积极参与以及各地政府的积极配合下，银行卡信息交换总中心在北京成立，1998 年底正式投入使用。该中心的成立标志着银行卡信息交换全国性网络建成，为不同银行发行的信用卡在全国范围跨行通用、联合经营创造了条件，这使得整体的银行卡支付清算效率得到了很大程度的提升。到 2000 年，全国共建立了 18 个城市银行卡交换中心和一个总中心，实现了部分城市间的银行卡异地跨行使用和清算，使得国内整体银行卡支付清算体系的效率进一步提高。

随着联网通用的推进，银行卡跨行交易转接清算网络需要进一步提升。2002 年 3 月 26 日，经国务院同意，在人民银行的直接领导和 80 多家金融机构共同发起下，在合并原有银行卡信息交换中心的基础上成立了中国的银行卡联合组织——中国银联。在人民币银行卡跨行交易转接清算业务未对外资开放的背景下，中国银联自然成为境内人民币银行卡跨行交易转接清算领域唯一的银行卡清算组织。至此，我国银行卡产业发展有了强大的发展支撑平台，对我国银行卡产业发展起着划时代的重要意义。通过中国银联和各商业银行的共同努力，联网通用"314"目标在 2002 年底基本实现。2003 年全国地（市）级以上城市联网通用基本实现。同时，中国银联联合各商业银行开始建立并完善各项规范标准的推广实施机制和工作流程，并在受理环境建设、银行卡跨行交易风险管理等多方面逐渐形成了制度化的合作机制。2004 年，中国自主银行卡品牌——银联标准卡正式诞生。经过近些年的高速发展，银联网络已遍布中国城乡，并可在境外 160 个国家和地区使用，全球受理商户数超过 3500 万户、ATM 机超过 200 万台，全球发行银联卡超过 50 亿张，其中境外 40 个国家和地区发行了银联卡。2015 年第一季度，银联卡全球交易总额达到 11.8 万亿元人民币（约合 1.9 万亿美元），首次超过 VISA。

从理论上讲，在 2015 年 6 月放开银行卡清算市场以前，国内合法的银行卡清算组织只有银联一家，然而随着互联网技术的快速发展与普及，线上支付清算市场的格局却在悄然发生改变，其他一些主攻线上支付的第三方支付机构逐渐在向清算领域渗透，特别是拿着第三方收单牌照的支付宝实际在很大程度上扮演着

"线上银联"的角色。

与国外相比，国内的第三方互联网支付在实现形式上有很大的区别，下面以支付宝为例来简要说明，实际上，国内各个第三方互联网支付机构的模式大同小异。

与国外互联网支付机构和卡组织的深度合作不同，国内的互联网支付机构大多选择绕过银行卡组织与银行直接联通，自行建设网络，又由于其不能利用央行的支付系统，因此只能通过在银行建立账户的形式来完成支付流程。具体的资金流动情况结合图示进行描述。例如，A（招行）向B（建行）转一笔钱，资金的实际流动过程为：A在招行账户→支付宝在招行的备付金账户→支付宝在建行的备付金账户→B的建行账户。而外在表现出的资金流动过程为：A在招行账户→支付宝在招行的银存账户（虚拟的）→A的支付宝账户→B的支付宝账户→支付宝在建行的银存账户（虚拟的）→B的建行账户（见图2-6）。若是A、B中只有一方拥有支付宝账户，比如A有支付宝账户而B没有，同样，A也可以将资金从招行通过支付宝系统转给B在建行的账户，见图2-7。

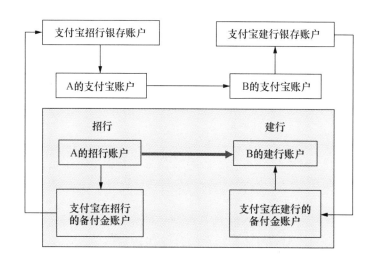

图2-6 支付宝转账资金流动模式（一）

资料来源：引自李鑫（2014）。

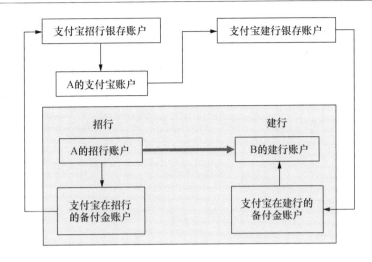

图 2 - 7 支付宝转账资金流动模式（二）

资料来源：引自李鑫（2014）。

支付宝通过在各个银行的备付金账户实现在各个银行间的资金流转，从而达到转账的目的，在此过程中，其实际上不仅在执行支付功能，并且也在执行清算功能，甚至在执行一种"准结算"功能。在传统的卡组织模式下，具体的跨行转接清算模式如图 2 - 8 所示。在跨行转接清算过程中，银联在清分系统中会逐批将收单付单轧差后，再从银行在央行系统中的备用金账户扣款或入款。而在以支付宝为代表的第三方支付机构的跨行转接清算模式下，由于支付机构不能使用央行的支付清算系统，因此必须自己在各个银行建立备付金账户，具体的跨行转接清算模式如图 2 - 9 所示。表面上看是支付机构依托于各个银行完成跨行转接业务，但事实上却是支付机构在跨行转接过程中处于控制地位。

或许管理层引入非金融机构参与支付服务的初衷只是希望增强银行卡收单市场的市场化、多元化程度，在设想的模式中只是希望在收单行和商户之间增加一环，但随着第三方互联网支付机构的发展壮大，却创造出了另一种线上清算模式。更重要的是，从国内目前的发展状况来看，线上与线下的边界越来越模糊，传统的线下模式并不能很好地适应线上支付，而线上模式又相对容易变相渗透到线下，这造成银行卡产业原有秩序被破坏。然而从长期来看，无卡支付取代有卡支付是大势所趋，因此在不少人眼中这或许意味着互联网支付带来的将是银行卡产业格局以及银行卡清算模式的一次重塑。

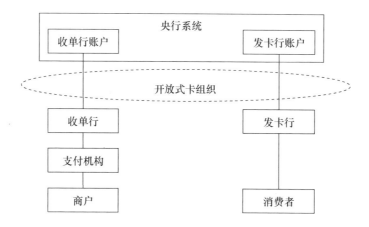

图 2-8　开放式卡组织跨行转接清算模式

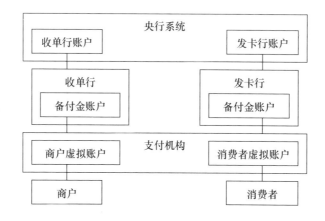

图 2-9　第三方支付机构跨行转接清算模式

（四）问题的提出

从中国的银行卡清算市场发展路径来看，随着信息技术的发展，互联网的迅速普及在改变消费者传统消费习惯的同时，其不断降低的网络成本使支付主体间两两相连的成本大大降低，传统银行卡支付产业中的"四方模式"在互联网上（线上）的延续受到冲击。近年来移动互联网渗透率不断提高，传统银行卡清算机构在线下的业务模式、合作模式等也受到进一步冲击。特别是在互联网金融概念大行其道的今天，一些人更是认为第三方支付建立的新的清算模式在线上会颠覆传统的银行卡清算模式，就如同所谓的 P2P 颠覆传统银行存贷业务、众筹融资颠覆传统证券业务一样。

而从欧美的发展经验来看，至少在银行卡清算领域，似乎这种颠覆论又是根本站不住脚的，因为在那里第三方支付机构在处理银行卡交易时，依然遵循着传统卡组织的模式。因此一些更加倾向于借鉴发达国家经验，善于进行比较研究的人则又会对国内的这种所谓的"新清算模式"不屑一顾，认为其不符合"国际发展趋势"。事实上，在美国，移动支付创新越发便捷，用户需求更好地得到满足，个人付款（personal payment）发展迅速，非银行机构大量介入，商业与支付越来越多地融合，信息价值被更加充分地利用，这些显著的变化被一些人称作是"第二次互联网革命"，传统的支付产业已经发展成为一个范围更大的支付生态圈，在其中大量参与者正在努力寻求改变原有的游戏规则（Cumming，2013）。而在欧洲，虽然在清算、结算环节除了技术进步带来的一些效率提升外，创新表现得并不明显，但事实上这在很大程度上是受有关安全和数据隐私方面的监管规则限制所致，特别是欧洲一些法律在不同的司法管辖区内还存在差异（Capgemini and RBS，2014）。这些都意味着在互联网时代对于银行卡清算领域的问题也不能简单地借鉴发达国家现有的实践经验来判断，事实上在互联网对于传统商业模式带来冲击这方面，中国面临的大多数问题在那些所谓的先发国家里同样尚未真正解决，因此对于相关问题不仅需要进行国别比较研究，更有必要进行理论分析。

本章便试图从理论层面上对互联网时代的银行卡清算进行细致的剖析，主要希望回答以下三个问题：第一个问题是，究竟由互联网带来了哪些足以变革银行卡清算市场的力量？进而第二个问题是，这些力量是否会彻底颠覆传统银行卡清算模式？事实上，通过后文的分析可知，对此问题本章倾向于作出否定的回答。

但是，如果由互联网带来的变革力量不足以颠覆传统的银行卡清算模式的话，那么马上便会遇到第三个问题：如何解释中国在线上清算市场中发生的事情？本章认为这个问题或许应从制度层面上来寻求答案。本章第二部分首先对与清算和银行卡清算相关的一些概念进行简要的介绍；第三部分则致力于从理论上分析并回答第一个问题；第四部分则回答第二、第三两个问题；第五部分是在理论分析基础上提出相应的对策，包括针对相关市场主体发展策略方面的建议以及针对监管者的政策建议。

二、清算与银行卡清算

（一）支付、清算与结算

在我国，对支付交易、清算、结算等概念的界定是有一个变化过程的。在未引入世界银行的顾问之前，监管部门的主要看法是，结算发生在银行与客户之间，而清算发生在银行与银行之间。但是，随着我国与世界银行越来越多地来往，逐渐发现国外监管机构对概念的理解，与国内监管部门先前的理解并不一致，双方无法在同一层面上讨论问题。概念的模糊，曾经影响到监管层对支付清算体系的起步建设和发展思路的整体规划，也给监管层对支付清算组织的日常监管带来了不利影响。当然，现在国内的支付清算体系理论与现实已经逐渐与国际接轨。

在本章中，为了使我们对相关概念有一个更为清晰的认识，有必要首先梳理国际组织以及主要发达经济体对于交易、清算和结算等概念的定义和相关解释。在此基础上，我们将会着重探讨清算系统的组成。

1. 国际支付结算体系委员会的定义

支付结算系统委员会（CPSS，现更名为"支付和市场基础设施委员会"，简称 CPMI）是十国集团中央银行发起成立的国际性专业组织，秘书处设在国际清算银行（BIS），每年组织召开 3 次会议。CPSS 一直致力于支付结算体系的发展与改革工作，推动建立稳健、高效的支付结算系统，以加强全球金融市场基础设施建设。CPSS 通过向成员中央银行提供交流的平台，使各国中央银行能够就其国内的支付交易、清算、结算系统以及跨境多币种结算机制的发展问题共同进行研究和探讨。

根据 CPSS 的定义，支付系统包括一系列能够保证资金回转的货币工具、银行流程和银行间资金转移系统。CPSS 还将清算系统定义为一系列使得金融机构能够提交和交换与资金或证券转移有关的数据和文件的程序安排。首先是为参与方的应收应付关系建立净头寸，以便后续结算的过程。随后进行的清算则指的是交换、协商并确认支付指令或者证券转移指令的过程，清算发生在结算之前。结算指的是包括卖方转移证券或者其他金融工具给买方，并且买方转移资金给卖方的过程，是整个交易的最后一步。结算系统保证了资金和金融工具的转移能够顺利进行。实时大额结算系统（RTGS）是一类特殊的结算系统。在 RTGS 中，每一个指令不需要通过轧差清算，而是都立刻得到处理。

CPSS 的定义被各主要发达经济体中央银行所接受，从下面的论述中可以看出，美、欧、澳等国央行对支付交易、清算与结算的刻画与 CPSS 定义的实质基本一致。

2. 美联储的定义与解释

美联储是负责美国支付清算监管的官方机构，其对这三个概念的理解，严格依从美国第八法案（Title Ⅷ）。在该法案中，支付系统指的是使得资金能够通过电子途径从一个机构转移到另一个机构的系统；广义上来说，支付系统指的是通过支票、汇票和电子转移指令等货币替代品，在供给方和使用方之间形成的多种资金转移渠道。清算系统指的是在衍生品市场中，交易方将违约风险转移给一个中间对手的制度安排。而结算系统指的是完成交易的流程安排。

3. 欧洲央行的定义与解释

根据欧洲中央银行的定义，支付系统有两层意思，在某些情况下，指的是使得货币能够在一个国家或者一个货币区域内流转的一系列工具、银行流程和银行间资金转移系统。在大多数情况下，支付系统就是资金转移系统；而资金转移系统则是指在一系列合约和法律安排之下，通过多层次的会员关系、通行的规则和标准化的安排，处理系统成员之间的资金应收应付关系的信息收集、传输、清算、轧差和最终结算的制度安排。狭义的支付（交易）指的是资金从付款人到收款人之间的所有权转移。在技术和统计意义上，支付通常等同于转移指令。

清算指的是在结算之前，对转移指令的上报传递、调节和核准，包括指令的轧差和最终头寸的确定。有些场合卜使用的清算概念也包括结算，但这应该是不准确的，容易产生概念上的混淆。期货和期权的清算也指每天对损益的轧差和对抵押品要求的计算。清算系统则指的是金融机构发出并彼此交换关于资金和证券转移的数据和文件的一系列制度和程序安排。这些程序通常包括计算轧差后参与方彼此的净额应收应付关系。清算是为后续的结算做准备的。

结算指的是一次交易的完成，是通过资金或者证券的转移消除参与方彼此的债务。结算包括最终结算和暂时结算。结算系统指的是使得一系列资金、资产和金融工具能够转移结算的制度安排。

4. 澳大利亚央行的定义和解释

根据澳大利亚中央银行的定义，支付系统指的是消费者、商户和其他组织将资金从金融机构的一个账户转移到另一个账户的体系安排，包括消费者用于支付的工具和手段——现金、支票和电子资金转移，以及保证资金从一家金融机构的账户转移到另一个金融机构的账户看不见的制度安排。多数的支付系统包括两个或者多个金融机构和其他的支付提供方，需要使支付业务在这些参与方之间被清算。举例而言，如果从一家金融机构开出的支票要存入另一家银行，就必须先将这张支票返回到第一家金融机构使其能够减少相应账户的资金，并且确认支票对应的账户上资金是否充足。

在澳大利亚，主要的清算过程是由一家名叫 APCA（Australian Payments Clearing Association）的公司完成。APCA 是一家有限责任公司，董事会成员来自持有该公司股票的银行、建房互助会和信用合作社。APCA 主要负责支票、直接存款支付、ATM 机、借记卡和高净值支付的清算过程。其他独立的清算机构包括信用卡组织（万事达卡和 VISA 卡），还有专门用于清算账单支付的 BPAY 系统。还有两家独立的证券支付结算系统，Austraclear 系统处理 CGS（Commonwealth Government Securities）和其他债券类证券的交易结算，而 CHEAA（Clearing House Electronic Sub – register System）则处理股权交易的结算。

当支付指令在机构之间被清算后，它们就会累积彼此之间的债务。在澳大利亚，最终的债务结算是通过它们在央行的交易结算账户（Exchange Settlement, ES）进行的。大额支付是以一对一的实时大额结算（RTGS）方式进行，而零售支付需要先积累成批再进行延迟结算。澳大利亚央行规定，支付提供商必须在央行开设交易结算账户。

5. 国内对相关概念的认识

与此相对应，在经过与国际接轨的努力之后，当前国内对于支付流程中的交易、清算、结算的定义也与国际通行的概念基本一致，其内涵大致如下：交易刻画的是货币资金的债权债务关系的转移，是一种发生在购买者和消费者之间的金融交换关系；清算是指资金转移指令发送到各个收单金融机构后，通过清算组织计算，轧差并计算各家银行彼此之间的应收应付关系的过程；结算是指通过实际的资金转移结束彼此之间的净债务关系的过程。

在我国，消费者、商户和收单机构参与支付的过程，产生了资金转移指令；清算过程主要由清算组织完成，产生了净额应收或应付款；结算根据业务分层，主体分别是央行和银行或收单机构，即作为机构间的结算业务主体为央行，作为个人或商户间的结算业务主体为银行或收单机构。具体来看，支付交易、清算、结算和买卖的关系是：

（1）买与卖是商业交易的两个相对应的基本过程与活动，是产生支付交易、清算、结算的基础。

（2）支付源于交换主体之间的经济交换活动，但由于银行信用中介的介入，它最终演化成为银行与客户之间，客户与开户行之间的资金关系。

（3）银行之间的资金交易，又必须通过中央银行进行资金清算，在清算过程中计算出了众多收、付方的多重债务关系，而结清最终债务关系的结果就需要结算。

从传统支付清算的角度来看，银行处于社会经济活动中资金往来的中心，银行与客户之间的支付是银行向客户提供的一种金融服务，是整个支付活动的基础。银行的业务系统要结清经济活动中的各种债权、债务关系，就必然要通过清算制度的安排。因此，有时也把银行的支付系统称为清算系统。

从现代支付清算的角度来看，清算是指一定的清算组织和支付系统，来完成支付指令的发送与接收、对账与确认、收付数额的统计轧差、全额或净额清偿等一系列的程序。而结算是指为实现因劳务供应、金融活动、商品交易、消费行为等引发的债权债务清偿及资金转移而发生的货币转移。如果粗略地按照性质和功能，把现代支付清算市场分为交易、清算、结算三部分，交易是社会经济活动所引起的货币债权转移的过程；清算是作为一定经济行为引起的货币资金关系应收应付的计算；结算是由于经济活动引起的货币资金收付与偿付。一般支付流的简要示意图见图 2 - 10。

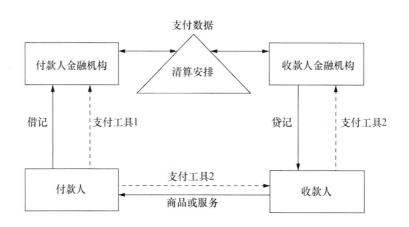

图 2 - 10 一般支付流

资料来源：引自十国集团中央银行支付结算体系委员会（2005）。

当然，在实践中有时候支付与结算的概念难以严格区分，有时人们会把支付与结算直接理解为支付结算或支付。在我国《票据法》和《支付结算办法》中规定，支付结算的含义是指单位、个人在社会经济活动中使用票据、信用卡和汇兑、承付、委托收款等结算方式时进行货币给付及资金结算的行为。也就是一方得到另一方的货物与服务后所给予的货币补偿，以保证交易双方的权利与义务平衡。

6. 清算系统的组成

从国际上看，各国的支付清算体系安排差异较大，但是具有共性的是不同的清算安排往往对应于不同的交易及支付安排。从支付工具来看，各国的差异便已经十分明显，虽然一些非现金支付工具包括支票、贷记转账、直接借记、支付卡等在各国均被较为普遍地使用，然而这些支付工具在各国的相对重要性却往往相差甚远（见图2－11），此外，其他一些支付工具（如电子货币、预付卡等）通常也会在某些国家较为盛行。由于对于不同支付工具的清算往往会由不同的清算机构来承担，这使得各国的清算系统的组成以及各清算机构在其中的地位也不尽相同。事实上，即便在相同的清算领域，各国的清算安排也存在较大差异。大体上看，各国的清算系统大致可被划分为两大块，即银行间清算系统和非银行清算系统。其中银行间清算系统既有全国性的，也有区域性的；既有大额资金清算系统，也有小额资金清算系统；既有综合性的清算系统，也有针对不同支付工具或不同支付机构的清算系统。本章主要论述的银行卡清算也可被包含在银行间清算系统范围内，虽然往往这些网络系统并非由银行而是由银行卡组织来运营。非银行清算系统最主要的便是证券及衍生品的清算结算系统，此外，诸如预付卡、虚拟货币、移动钱包等支付安排往往也会存在特定的清算安排。

整体而言，中国的支付清算体系起步较晚。在计划经济时代，由单一的国家银行信用统揽支付结算，商业信用受到限制甚至被取消，货币流通依据国家计划进行组织和调节，中国人民银行集清算、结算、监督于一身，建立了高度集中的"全国大联行"的清算体系。随着经济金融的发展，"全国大联行"模式已经难以适应现实的需求，因而被取消。1991年4月开始运行的全国电子联行系统，初步实现了我国异地跨行支付清算业务处理的电子化。此后，我国支付体系基础设

互联网时代的银行卡产业变革

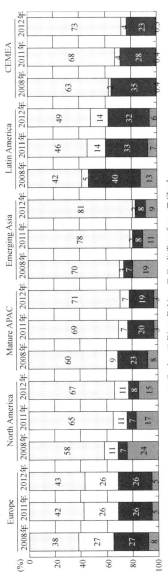

图 2-11　主要非现金支付工具在不同国家的占比分布

资料来源：引自《世界支付报告 2014》。其中，Europe 包括欧元区国家；North America 包括美国和加拿大；Mature APAC（Asia-Pacific）包括日本、澳大利亚、韩国、新加坡；Latin America 包括巴西、墨西哥以及其他拉美国家；CEMEA（Central Europe, Middle East and Africa）包括俄罗斯、波兰、乌克兰、匈牙利、罗马尼亚、捷克、南非、沙特阿拉伯以及其他中欧和中东国家；Emerging Asia 包括印度、中国（包括香港）以及其他亚洲国家。

施建设开始加速推进。到目前，按照运营主体来划分，我国已经形成了以中央银行支付清算系统（包括大额支付系统、小额支付系统、全国支票影像交换系统、中央银行会计集中核算系统、同城票据交换系统等）、银行业金融机构支付清算系统（包括政策性银行、商业银行、农村信用社等的行内业务系统）、金融市场支付清算系统（包括中央国债登记结算公司业务系统、全国银行间外汇交易系统、全国银行间拆借交易系统、中央证券登记结算公司业务系统、银行间市场清算所股份有限公司综合业务系统等）、第三方服务组织支付清算系统（中国银联银行卡跨行支付系统、城市商业银行汇票业务处理系统、农信银资金结算中心业务处理系统、集中代收付中心业务处理系统以及其他第三方支付服务组织业务处理系统等）四大板块的支付清算体系。

可见，在现代经济中，由于支付工具、支付渠道、支付机构的纷繁复杂，不同的资金清算工作通常会有不同的清算安排，而每一个清算机构往往只是覆盖特定的某些支付及交易领域，此外，不同的清算结算机构之间还会存在分级安排。本章所着重探讨的银行卡支付虽然从世界范围来看已变得越来越普及，在零售支付领域中的重要性不断提升，然而由上可见，银行卡清算也只是诸多清算领域大族谱中的一个小分支。

（二）银行卡产业及其特征

银行卡的起源最早可以追溯到 20 世纪初。一些零售百货商店为了提升销售额，向其经常惠顾的商户发放购物支付凭证——信用筹码，这样顾客就可以以赊销的手段先行消费，再进行付款结算。这种信用筹码实际上就是信用卡的前身。20 世纪 20 年代初，美国的一些石油公司、电力公司等开始大力推出签账卡，使得商业信用快速发展，为信用卡的产生奠定了基础。20 世纪 50 年代初，美国的大莱公司推出了第一张用塑料制作的签账卡——大莱卡，并成立了大莱俱乐部，持卡者可以在其全国的旅馆和餐馆使用大莱卡，这是最早的商业信用卡。1952 年，美国加利福尼亚州的富兰克林国民银行推出信用卡，拉开了银行发行信用卡的序幕。1958 年 10 月，美国运通公司依托其在旅行市场上的强大地位强势推出了运通卡，受到了强烈的市场反响，至此信用卡开始得到社会的广泛共识。借记卡的发展起步较晚，在 20 世纪 70 年代才出现，但在 20 世纪 80 年代以后，借记卡的发展开始驶入快车道。由于跨行清算体系的搭建和特约商户规模的发展，刷卡消费带给人们安全便捷的支付新体验，促进了银行卡产业的发展，特别是以 VISA 和万事达为代表的国际银行卡组织进行大规模的国际化扩张，带动了其他地区银行卡品牌的发展。

银行卡产业是由发卡、收单和专业化服务组织等众多企业组成的企业群体，主要涉及的参与者包括持卡人、为持卡人提供服务的发卡机构（银行）、特约商户（与银行卡组织签订 POS 协议，遵守相关规则的签约商户）、为特约商户提供服务的收单机构（银行）以及提供交易平台的银行卡组织，它们共同构成了银行卡产业的复杂网络。其中，银行卡组织是银行卡产业的核心，其负责运营基于银行卡的跨行转接网络。事实上银行卡支付只是支付方式的一种，一些银行卡组织同时还兼营其他的支付方式，因此银行卡组织有时也被称为支付组织。从国际上来看，目前发卡量和交易规模较大的银行卡组织有美国的 VISA、万事达（MasterCard）、美国运通（American Express）、大莱（Dinners Club）、日本的 JCB（Japan Credit Bureau）以及中国银联。

银行卡交易可以分为 POS 交易、ATM（自动柜员机）交易、柜面交易、网上交易等。其中，最主要的是 POS 交易业务，涉及的市场主体一般包括银行卡清算组织、发卡机构、收单机构、专业化服务机构、持卡人和特约商户。除了银行卡清算组织的职能定位之外，其余市场主体及其职能如下：

（1）发卡机构：发卡机构的基本职能是向消费者发行各类银行卡，并且通过提供各类相关的银行卡服务收取一定费用。通过银行卡的发行，发卡机构从持卡人处获取信用卡年费、循环信用利息以及持卡人享受各种服务的手续费，从商户处获取回佣分成等。

（2）收单机构：收单机构主要负责商户开发与管理、授权请求、账单结算等活动，收益主要来源于商户回佣、商户支付的其他服务费（如 POS 机具租用费等）以及商户存款的增加。

（3）专业化服务机构：银行卡 POS 交易中的专业化服务机构也被称为第三方服务供应商，业务范围可以包括卡片制作、卡片营销、发卡系统建设、账单寄送、持卡人账款催缴、机具布放及维护、商户拓展和境内人民币银行卡清算组织的发展及其产业政策研究，维护、交易授权、数据处理、资金清算等涵盖了发卡市场和收单市场的诸多业务。例如，收单机构可以借助它们来与商家签约，发卡机构也可以借助它们处理大部分与发卡业务有关的工作。

（4）特约商户：是指与收单机构签订受理 POS 业务协议并且同意用银行卡进行交易结算的商户。银行卡 POS 交易，就是通过在销售点的 POS 机具上刷银行卡来完成支付交易。

银行卡产业是典型的平台型产业，无论采取开放式机制还是封闭式机制，均具有典型的双边市场特征。银行卡产品是在银行卡组织提供的平台上由发卡机构和收单机构共同提供，而持卡人和商户则是平台上的两类客户。与其他平台型产业类似，银行卡产业也具有复杂的间接网络外部性。间接网络外部性是指，某种商品给消费者带来的效用与另一方商品的开发数量或者用户安装基础相关，并且随着使用该商品的消费者增多（网络扩大），由此可以派生出该产品的互补产品或者服务，从而提高该商品的效用（Katz and Shapiro，1985）。在银行卡产业中，消费者对银行卡的需求不仅取决于持卡人的规模和使用银行卡的费用，而且还取决于接受银行卡付款的商户规模。若没有商户受理银行卡，那么消费者就不会使用银行卡进行消费；受理银行卡的商户越多，持卡人的刷卡便利性将越强，持有银行卡带来的价值就越高，那么使用银行卡的消费者也将越多。同理，商户对银行卡的需求不仅取决于受理银行卡的成本和特约商户的数量，而且也取决于持卡人的规模，持卡人越多，商户参与的需求就越大。由于支付交易需收付双方共同完成，因此银行卡产业事实上是同时在向两边的用户提供相互依存的互补产品，只有当消费者和商户同时对银行卡有需求，持卡人愿意使用，同时商户也接受刷卡消费，银行卡服务才具有价值；若只有一方对银行卡服务有需求，那么银行卡组织平台上的交易就无法实现。因此，当存在多种支付手段和多个支付平台可供选择时，收付双方的支付决策就会对网络各方的成本和收益产生影响。因此，对于银行卡组织来说，其必须不断设法吸引两边的用户——持卡消费者和受理商户——更多地使用自身平台发生交易，增加平台的交易规模，从而降低单位交易成本。

除了双边市场组织的特点之外，银行卡清算组织还有一个明显的特点，就是较高程度的自然垄断特征——即由单一企业垄断市场的社会成本低于多个竞争性企业的社会成本之和。例如，中国银联作为唯一一家国内银行卡组织，整体的效率就远高于之前 12 个区域性中心分区进行清算的效率。在一定程度上，大型网络平台形成的规模经济可以提供更多的价值，大企业比小企业具有优势。在双边市场中，大企业能够为市场各方的交易和消费提供大量的客户网络。如果一个支付网络已经建立，网络效应会阻碍创新和竞争，从而妨碍自由市场的发展。如果要建立全新的支付系统，它很难与已有的系统（具有很大价值的支付网络）展开竞争，即从供给角度（即提供支付服务的角度）来看，网络效应会导致市场具有较高的进入壁垒，这意味着可能在很长一段时间内，一个新的支付服务提供商或运营商必须准备接受承担损失，这会一直持续到它占有足够的市场份额来覆盖最初的投入成本。从需求角度（即从用户的角度）来看，可能会产生相当大的刚性和依赖度，一旦用户选择了一个特定的系统，那么，要转到另一个系统需要付出很大的代价，例如，商户要使用另一种支付网络，那么，接入新的支付网络，需要投入一定的投资支出，换句话说，用户面临着锁定成本，这会阻碍竞争。

从历史经验来看，在较小的清算市场中，可能会出现完全垄断的清算企业。在较大的清算市场，往往出现双寡头清算企业，美国的 VISA 与万事达就是最好的例证。尽管这些双寡头企业的规模并不相同，但是，提供的产品有所差异，使得产品并不能完全替代，这导致这种格局可以得到维持。

（三）银行卡清算模式

从银行卡产业的实践来看，银行卡组织可分为开放式组织（cooperative system）和封闭式组织（proprietary system），并分别对应着所谓的"四方模式"

和"三方模式"。

我们首先来看开放式组织。在开放式组织中，银行卡组织不直接发卡和收单，发卡机构和收单机构分别由银行卡组织中不同的成员银行独立承担，收单机构通过银行卡组织（或通过其他机构代理接入银行卡组织）将收单交易信息传输至发卡机构。VISA、万事达和中国银联等均为开放式组织。在开放式组织中，一项交易的基本参与方有五个，即银行卡组织、发卡机构、收单机构、特约商户和消费者（持卡人）。除去负责制定银行卡网络交易规则、为跨行交易转接清算的银行卡清算组织外，在一笔支付中实际发生资金流动的参与方有四个，称为"四方模式"。从组织形式来看，开放式银行卡组织可分为非营利性的协会和营利性的公司两种，而从股东构成来看又可分为由会员机构作为股东（或者在非营利的协会形式下不叫"股东"，就是拥有所有权和决策权的会员）和由普通投资人（非发卡机构和收单机构）作为股东两种。发卡机构的基本职能是向消费者发行各类银行卡，并且通过提供各类相关的银行卡服务收取一定费用。通过银行卡的发行，发卡机构从持卡人处获取银行卡年费、循环信用利息以及持卡人享受各种服务的手续费，从商户处获取手续费分成等。收单机构主要负责商户开发与管理、授权请求、账单结算等活动，收益主要来源于商户手续费、商户支付的其他服务费（如 POS 机具租用费等）以及商户存款的增加。特约商户是指与收单机构签订受理银行卡 POS 交易业务协议并且同意用银行卡进行交易结算的商户，其中银行卡 POS 交易就是通过在销售点的 POS 机具上刷银行卡来完成支付交易。消费者则是使用银行卡刷卡消费的持卡人。开放式组织的运作机制见图 2－12。

其中，发卡机构和持卡人（消费者）构成了发卡市场的供需双方。持卡人基于银行卡带来的便利、安全和消费信贷等因素选择持有银行卡，并向发卡机构支付一定的卡费，如年费等。Chakravorti（1997）根据持卡人的持卡动机将其分为"银行卡周转者"和"银行卡交易者"。"银行卡周转者"是将银行卡作为一种方便的融资工具，使用银行卡为其提供的信用额度并向贷款银行支付利息；而"银行卡交易者"是将银行卡作为现金和支票的替代品，通常不会使用信用额度，即使使用也会足额偿还，银行很难赚到他们的利息。Chakravorti 和 Shah

（2003）认为，向"银行卡交易者"发行的银行卡，如借记卡应该收取年费，而向"银行卡周转者"发行的银行卡可不收年费，因为他们的贷款利息可以给银行带来足够的利息收入。发卡机构通过向持卡人提供多样化的服务参与发卡市场的竞争，在权衡成本与收益的基础上，决定银行卡的发行数量以及发行对象，并激励持卡人使用银行卡。

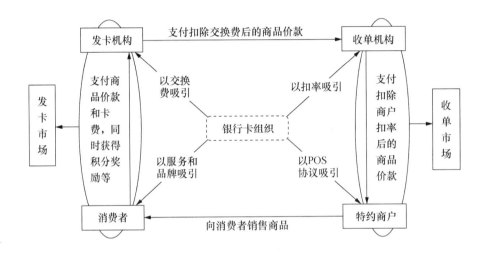

图 2-12　开放式银行卡组织的运作机制

　　收单机构和特约商户构成了收单市场的供需双方。银行卡的现金替代作用和消费信贷功能使持卡人潜在或随机的消费需求变成实际的支付能力，从而推动接受银行卡付款的商户的销售额增加。根据美国市场的调查，83%的特约商户由于接受银行卡付款而使销售额增加，58%的特约商户经营收益有一定程度的增加（Ernst and Young，1996）。Rochet 和 Tirole（2002）认为，特约商户接受银行卡付款可能是基于竞争策略的考虑，即可吸引不接受银行卡付款商户的顾客。由于商户接受银行卡付款需要支付一定的商户扣率（通常称手续费），因此，商户权衡接受银行卡付款的收益与成本并对消费者的支付方式进行选择。收单机构向特约商户提供设备，负责设备维护以及承诺付款，并承担一定的资金结算风险。持卡人在特约商户那里刷卡消费，发卡机构在扣除交换费以后将交易金额支付给收单机构，收单机构扣除商户扣率（发卡机构收取的交换费和收单机构收取的收单费）后将交易金额支付给特约商户。就开放式卡组织的定价机制而言，收单服务费是由商户与收单机构双方谈判决定的，银行卡组织及其发卡银行不参与也不干预收单服务费的定价；而交换费是由银行卡组织与发卡银行共同制定的。网络转接费是发卡机构和收单机构为弥补银行卡组织营销和转接交易的成本而缴纳的费用。

以一个虚构的例子来说明开放式组织的交易流程。假设消费者持有一张 A 银行（发卡机构）发行的带有"银联"标识的信用卡，去中国银联的特约商户 B 处购买一台笔记本电脑，并在 POS 机具上刷了这张银联卡。POS 机具会从卡中获得数据信息，然后将这些信息与特约商户、购物的货币价值等相关信息整合在一起，形成一条新的电子信息。随后，POS 机具会将这条信息发送给 B 的收单机构 C 内负责维护运行的计算机系统。C 的计算机系统读取这条信息并判断持卡人正在使用这张银联卡。接下来，C 会联络中国银联的计算机系统。中国银联的计算机系统获得信息后，会与 A 的计算机系统进行确认，核实持卡人的账户中是否有足够的信用额度来支付这次购物。以上即为图 2 – 13 中用实粗线箭头标明的支付请求信息流。如果持卡人的账户中有足够的信用额度支付这次购物，则 A 的计算机系统就会向中国银联的计算机系统发回此次交易的授权通知。中国银联的计算机系统会把授权通知发送给 C，再由 C 把授权通知发送给 B 的 POS 机具。B 的 POS 机具将打印出需由持卡人签字的 POS 签购单。由于整个交易是完全电子化的，打印签购单的主要目的在于帮助解决当信用卡被盗或者签名被伪造时所产生的争议。以上即为图 2 – 13 中用实细线箭头标明的支付授权信息流。

假设这台笔记本电脑的价格为 p，则这笔购物整个的支付流如下：持卡人账户向作为发卡机构的 A 支付商品价格 p 和持卡人费用 f，A 向作为收单机构 C 支付扣除交换费后的 p – a，C 向作为特约商户的 B 支付扣除商户扣率后的 p – m，另外，发卡机构和收单机构分别向银行卡清算组织支付转接费 n_1 和 n_2。以上即为图 2 – 13 中用虚线箭头标明的支付流。因此，这笔购物给各方带来的货币收益分别是：持卡人为 – p – f，商户为 p – m，收单机构为 m – a – n_2，发卡机构为 a + f –

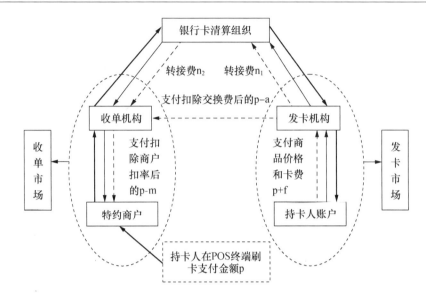

图 2 - 13　开放式银行卡组织的交易流程

资料来源：引自王文祥（2012）。

n_1，银行卡清算组织为 $n_1 + n_2$。在图 2 - 13 中，左侧由特约商户和收单机构构成了银行卡收单市场，右侧由持卡人与发卡机构构成了银行卡发卡市场，两个市场相对独立，但通过银行卡清算组织提供的跨行交易转接清算系统和制度安排实现对接，从而共同构成了一个各个市场主体相互联系、密不可分的开放式组织交易机制。

不过需要注意的是，上述例子只是为了从理论上更好地说明开放式组织的运作机制，在支付费用方面与现实情况并不一定完全吻合。比如消费者刷卡消费时往往并不需要支付持卡人费用，即 f 为 0，当然从理论上讲，我们也可以将持卡年费或信用卡滞纳金等都折进单笔消费之中，从而形成正的持卡人费用。又比如在实际操作中，网络转接费可能不是采取发卡机构和收单机构分别支付的形式。

在封闭式组织中，银行卡组织既是发卡机构又是收单机构，如美国的运通卡、大莱卡、发现卡和日本的 JCB 卡等。封闭式组织通常都是以盈利为目的的公司。在封闭式组织中，一项交易的基本参与方有三个，即封闭式组织、特约商户和消费者，因此称为"三方模式"。封闭式组织都是以盈利为目的的公司，其定价机制完全由市场决定，银行卡组织直接与各特约商户谈判确定商户扣率，而且还可根据市场变化做出调整。封闭式组织的运作机制相对简单，这里不再做详细说明，其交易流程见图2-14。

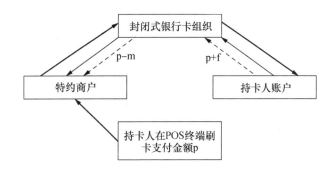

图 2 - 14　封闭式银行卡组织的交易流程

资料来源：引自王文祥（2012）。

三、由互联网带来的清算市场变革力量

（一）互联网带来新的经济模式

互联网经济是信息网络化时代产生的一种崭新的经济现象。在互联网经济时代，经济主体的生产、交换、分配、消费等经济活动，以及金融机构和政府职能部门等主体的经济行为，都越来越多地依赖信息网络，不仅要从网络上获取大量经济信息，依靠网络进行预测和决策，而且许多交易行为也直接在信息网络上进行。

不少学者论证了 ICT 对经济增长带来的促进作用，并认为这种作用正变得越发明显（Jorgenson et al. , 2000；Jorgenson, 2001；Doms et al. , 2004）。也有一些学者从金融的角度探讨了 ICT 与经济增长的关系，认为 ICT 通过促进金融的发展进而带动经济的增长（Andrianaivo and Kpodar, 2011；Sassi and Goaied, 2013）。国内对此进行较早探索的是谢平等（2012），他们认为 ICT 对于经济增长的贡献明显，但不同指标影响程度不一样，其中互联网上网人数和移动电话的影响尤其显著；同时，他们发现 ICT 对于经济增长的贡献主要通过扩大金融的包容性这一渠道实现。

舍恩伯格的《大数据时代》进一步引发了人们对于互联网的关注，使得人们开始重新考虑互联网有可能会给经济生活带来的彻底变革。大数据带来的不仅是信息风暴，并且引发了思维变革、商业变革和管理变革。舍恩伯格指出，大数据时代最大的转变就是：放弃对因果关系的渴求，而取而代之关注相关关系。也就是说只要知道"是什么"，而不需要知道"为什么"。这颠覆了千百年来人类的思维惯例，对人类的认知和与世界交流的方式提出了全新的挑战。

事实上，大数据已经成为新发明和新服务的源泉，今天的人们已经无法忽视大数据的变革，而云计算则是将大数据思想付诸实践的重要的技术变革。云计算（Cloud Computing），是一种基于互联网的计算方式，通过这种方式，共享的软硬件资源和信息可以按需求提供给计算机和其他设备，主要是基于互联网的相关服务的增加、使用和交付模式，通常涉及通过互联网来提供动态易扩展且经常是电子化的资源。"云计算"概念已经被大量运用到生产环境中，各种"云计算"的应用服务范围正日渐扩大，影响力也无可估量。

实际上，相比于云计算之类的大数据处理技术，互联网经济的精髓更在于"开放、平等、协作、分享"的互联网精神。互联网的服务对象更多的是草根而不是精英，这从网民的收入结构分布中便可看出（见图 2 - 15），因此互联网经济更多地具有草根经济的特点。

首先，互联网时代带来的交易成本极大幅度地降低，使得所谓的"人人组织"得以实现。这一类型的组织超越了传统上的市场和企业，它具有松散结构的

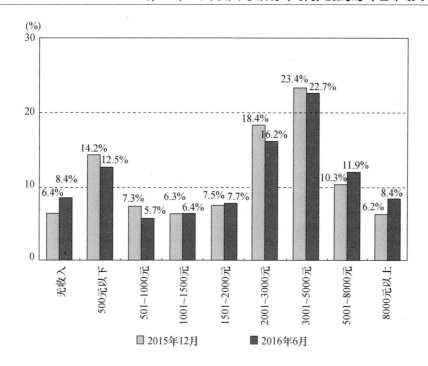

图 2-15 中国网民个人月收入结构

资料来源:《第38次中国互联网络发展状况统计报告》。

群体,可以出于非营利性目的,不受管理层指挥而运行,因此也被称为"无组织的组织力量"。"人人组织"的兴起以及其外溢效应,已经开始改造我们这个时代的社会结构。一个最主要的影响是"人人组织"导致了"大规模业余化"现象,例如,摄影、摄像、报道、编撰百科等,再如淘宝网上的商家中,有相当一部分便是业余卖家。这使得在相应领域中形成了巨量的中低端产能供应。

其次,平台模式逐渐取代供应链模式,而"人人组织"的性质使得平台经济的作用更加突出。前面已经提到,平台经济创造出一种双边市场,一组用户加入平台的收益取决于另一组用户加入平台的规模,即需求具有互补性或相互依赖性(Armstrong,2006)。这使得平台经济展现出典型的规模经济特点,随着其规模的增大,成本将会越来越低。反之,只有依托于平台经济带来成本的极大下降,"人人组织"这一松散体系才得以建立。可见,"人人组织"与平台经济相辅相成。此外，双边平台往往也是数据积累的源泉，因此，大数据思想的产生离不开平台经济的发展，大数据时代同样是平台经济时代。

对互联网经济模式各核心要件的相互关系进行总结，见图2-16。

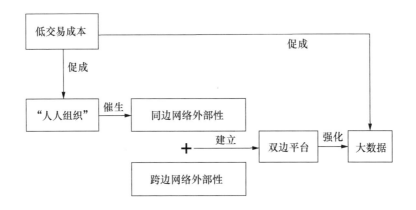

图2-16 互联网经济模式各核心要件的相互关系

资料来源：引自金麟（2013）。

此外，互联网经济带来人们价值理念上的巨大改变。例如，人们更加可以接受诸如由1.0到2.0再到3.0这种快速的产品迭代，而在互联网上人们也更加提倡"普惠"的概念。

互联网经济的发展，反之会促进宽带、云计算、IT外包、网络第三方支付等新技术的应用和发展，也会促进网络营销、网店运营、物流快递、咨询服务等生产型服务业的发展，逐步形成一个巨大的产业生态圈，实现经济的转型升级。

（二）支付市场发展的大趋势

1. 网基电子支付的兴起与促进消费

从早期的"物物交换"到以货币为媒介的"钱货两清"，从现金交易到转账支付，金融支付工具的创新深刻改变着经济金融效率，也对人们的生活与习惯产生着潜移默化的影响。

20 世纪末期以来，电子支付以前所未有的速度发展，对于传统支付体系带来令人瞠目的冲击。在各类电子支付工具中，信用卡可以说是"鼻祖"，早在1915 年就起源于美国。但是，最早发行信用卡的机构并不是银行，而是一些百货商店、饮食业、娱乐业和汽油公司。直到现在，卡支付（借记卡和信用卡）依然是全球非现金支付增长的主力，同时，各类新兴的电子支付和移动支付逐渐被人们所接受。相对来看，传统非现金支付则有日薄西山之势，如在发达经济体中，曾经一度占据重要地位的支票支付则呈现下降趋势。

所谓电子支付，顾名思义就是指各种电子化、数据化、虚拟化的支付手段，既包括传统的信用卡、借记卡，也包括近年来不断兴起的新兴电子支付工具，如PC 互联网支付和移动互联网支付等。有大量实证研究表明，电子支付所代表的现代支付体系创新，显著地降低了交易成本，提高了资源配置效率。例如，Humphrey 等人在2000 年研究发现，在美国，传统支付方式（包括支票）耗费的成本大约是其 GDP 的 3%，而电子支付估计比纸质支付要节省 1/2 到 2/3 的成本（Humphrey et al.，2000）。

同时，电子支付创新也给各国中央银行货币政策的有效性带来很大冲击，因为"货币"的可控性、可测性都在发生变化，当然也给货币政策操作带来新的机遇。对于老百姓来说，最为关心的则是电子支付对于生活带来的便利，无论是购物、转账还是缴费等，人们都享受到更加轻松便捷的体验。

反之，现金作为最为传统的支付手段，越来越难以满足现代支付体系的需求。麦肯锡的研究表明，如果一个经济体使用现金作为支付工具的比例越高，则交易成本就会越大，对经济的伤害越大，主要体现在以下三个方面：

第一，使用现金越多，往往表明地下经济的比例越高。由于现金交易一般不保留记录，大量使用现金交易，很多企业可能更容易逃税。

第二，大量使用现金增加了银行业和商户的成本。由于现金的大量使用，银行不得不增加柜面和自动现金处理设备，商户也由于大量现金不得不频繁到银行办理存款，央行不得不印制和回收大量纸币，此外相关的企业、政府以及个人也都因此增加了成本。麦肯锡的研究显示，巴西、中国、印度和俄罗斯因现金交易产生的成本，1/3 由银行承担，1/3 由商户承担。

第三，非银行机构利用公众对支付体系的不信任，发展出不受监管的、昂贵的支付工具，不仅增加了公众的支付成本，也增加了金融体系的风险。反之，电子化的支付工具，有助于减少经济活动中现金的使用率，有利于降低社会交易成本，使经济活动纳入正规的监管体系，并降低金融体系的风险。

近年来，随着互联网技术的迅速发展，网络经济、信息经济、电子商务成为每个人生活中不可或缺的组成部分，这些新型经济与交易模式要求支付的便捷化、人性化、效率性，因此基于互联网的新兴电子支付便应运兴起，对于传统的银行卡、信用卡支付也产生了巨大冲击。目前常见的网基电子支付手段，以网上支付、电话支付和移动支付为代表，后者这两年更是在我国取得了突飞猛进的发展。

新兴电子支付的创新发展，逐渐由最初服务于电子商务的支付瓶颈，演变为进一步刺激客户网络消费。例如，各种移动应用服务让居民消费变得更加灵活方便，也为广大企业提供了新的盈利模式。由于支付成功率决定电子商务的运行收益，所以新兴电子支付更面临效率与风险的权衡难题。但是无论如何，其不仅带来支付效率的提升，而且给消费者提供了全新的支付体验、新奇的支付文化尝试，对于促进消费的作用不言而喻。

从间接影响来看，一是弥补了消费信用缺失，如第三方支付的担保交易解决了电子商务中交易双方的信任问题。二是电子商务平台和电子支付服务提供者积累了大量的与客户消费交易相关的数据信息。合理有效地运用这些数据，可以分析出客户的消费偏好、能力以及潜在需求，进而挖掘、培育和促进消费。三是可以依托电子支付工具，更有效地提供与居民生活有关的便利与增值服务。四是与电子支付密切相关的互联网金融增值服务的创新，对于增进其客户消费能力和倾向都有所促进。

此外，新兴电子支付还能促进特定领域的消费增长。例如，在新型城镇化背景下，要加强农村支付体系建设、改善农村支付环境，实质上应将电子支付资源向农村有效配置，为农村居民消费创造更好的条件。又如，由于交易成本的降低，同样使得便捷的支付服务可以覆盖更多相对落后的地区。再如，阿里巴巴支付宝的年度对账单显示，2015 年，移动支付占支付总笔数比例最高的地区是西藏，占比达到 83.3％，紧随其后的是贵州、甘肃、陕西、青海，占比分别达到 79.7％、79.4％、78.8％ 和 78.7％。由于可以得到便捷的支付服务，较不发达地区的消费潜力也得以被激发。

总之，新兴电子支付不仅是金融基础设施，也是支撑电子商务的"道路与桥梁"，在有效控制风险、保障安全的前提下，能够有助于打造新型的居民消费生态环境。

2. 移动互联网支付时代的挑战

2014 年中后期，苹果公司推出的移动支付手段 Apple Pay 引起了各国广泛关注，虽然在推广过程中也遇到一些问题，但在数量庞大的苹果手机用户支持下，很可能成为移动电子支付创新的标志性产品。

从技术终端来看，移动互联网支付最具发展前景。第一，移动设备的普及率使得其本身具备成为普遍性支付终端的可能；第二，从物质属性来看，它具备将近场支付和远程支付合二为一的得天独厚的优势；第三，移动金融具备任何时间（Anytime）、任何地点（Anywhere）、任何方式（Anyway）的 3A 优势。这些优势将使得移动互联网支付具有广阔的前景，移动互联网平台则或可成为最完美的金融超市。

我们看到，随着智能手机为主的移动设备进一步普及，人们的消费、交易、支付习惯将越来越不需要台式机和笔记本，因为毕竟前者可以随时更方便地携带和使用。在此大环境下，移动支付的巨大发展前景是不言而喻的，市场"蛋糕"也将逐渐增大。在我国，无论是支付宝侧重的远程支付，还是微信所偏重的近场支付，都深刻冲击着传统零售支付体系的格局，当然后者对传统卡支付媒介的潜在威胁似乎更大。

现在制约移动支付普及化的瓶颈问题，突出表现在安全问题。对许多消费者来说，支付安全性是其是否选择移动支付的核心因素。早在 PC 互联网支付时代，普通公众就经常为媒体报道的各种负面事件所困扰，而对于相对陌生的移动支付，公众的戒心就更可以理解。实际上，移动支付存在安全问题的根源之一，就是长期缺乏规范、统一的技术标准和安全标准。现在，这一难题也逐渐得到缓解，如2014年5月1日，移动支付的国家标准正式实施，而央行的移动金融安全可信公共服务平台已于2013年底建成并通过了验收评审，从而有利于"山头林立"的不同机构的移动支付系统"联网通用"。

同样，移动支付的兴起，也带来了移动理财、移动财富管理的活跃。可以预见，依托电脑为主的互联网渠道、依托手机为主的移动渠道，将成为网络理财的两大主要模式。当许多人还在关注互联网上的理财产品时，更多人却已经开始关注手机上的财富管理，这给了用户以更加便捷、直接、及时的体验。

如果深入剖析现有的移动理财模式，大致可以分为以下几类：一是传统金融产品与支付企业的结合，现在主要表现为互联网货币市场基金，在带来投资回报的同时，更多地融合了消费支付功能，降低了门槛；二是传统金融机构设立的电子平台，进一步向移动端拓展，利用移动支付方式来沟通银行理财产品、保险产品等；三是新兴的P2P网络借贷、众筹融资等，在移动场景的应用；四是国内某些非规范的、处于灰色地带的投融资行为，在披上"互联网金融"的外衣之后，可能进一步赶上"移动金融"的时髦。

（三）支付清算的变革力量：需求方面

在传统的卡支付时代，事实上是供给方推动行业发展的时期。追溯美国的信用卡产业的产生和发展，最初是由美国金融家弗兰克·麦克纳马拉的灵感开启了一个信用卡时代，由供给端的变革引致了新需求的出现，并形成互动，从而形成了卡组织模式，包括封闭式卡组织和开放式卡组织。要理解卡时代的供给方特征事实上并不困难。在银行卡产业价值链的其他成员中，银行系统必然是最大的受益方。刷卡支付的普及可以减少个人持有的现金量，增加银行存款，有利于提高资金使用效率。同时，银行卡业务渗透到商品生产和流通的各个领域，除有利于加强银行传统的信用中介作用外，还使得现代化的银行逐步成为整个社会经济信息的收集、处理和服务中心。此外，银行卡的使用还增加了银行的中间业务收入。同时银行卡将现金流转更多地圈于金融系统内，也便于央行制定有效的货币政策，并监督货币政策的执行效率。因此，发卡方以至于政府都有足够的动力，去推动卡支付取代现金支付，进而形成从发卡端控制产业链的卡组织模式，在现实中，我们很容易看到刷卡支付背后的政府推动、银行主导的影子，尤其是通过各种打折返现、积分优惠推动信用卡消费，更是充分展露出卡时代的供给方特征。

但是，随着互联网时代的来临，客户支付需求的个性化时代也无可避免地到来了。网络支付是典型的需求方驱动的支付方式，其带给需求方的经济效益则十分明显：卡支付取代现金支付使得消费者在支付现场无须携带现金，这种便捷带来一定程度的效用；更为重要的是，网络支付使得消费者自身也无须前往支付现场，足不出户便可支付，显然，这种转变会带来消费者效用的巨大提升。相反，对于供给方银行系统来说，则并不会带来显著的边际收益增加。

因此，在分析互联网带来的支付清算变革时，我们同样更多地是从需求方来理解，按照对支付清算市场的影响程度，我们由低到高共列举了四种带来变革的力量。

1. 更加便捷的支付

从客户角度来看，其最主要的需求便是支付能够越来越便捷、快速和高效，3A（Anytime、Anywhere 和 Anyway）正越来越成为其选择何种支付方式的一个主要的参考标准。随着移动互联网的发展以及移动终端的普及，移动支付正逐步取代传统的支付方式，甚至正逐步取代传统的互联网支付方式。而对于银行卡清算组织来说，其最主要的一个任务便是需要针对更加便捷、快速和高效的支付方式设计安全的解决方案，建立相关的标准。事实上，这个方面的变革力量也最容易被人理解。

2. 个性化的服务

互联网时代同时也是需求的个性化时代，以信息技术为代表的新技术变革极大地改变了消费者的行为模式，引发了客户消费需求的多样性，客户消费需求变了就引发商户的变化，商户行为的变化就会引发商业业态重新整合，进一步引起电子支付工具创新，再进一步就会引起利用这些工具的新型支付组织演变，最后全面改变现在的零售支付体系，最终使得支付系统的市场化、开放性进一步增加。许多支付创新实际上代表的都是一种个性化的支付需求解决方案，这种个性化的支付需求解决方案，而这种个性化的支付创新的发展，必然造成原有的单一的银行卡规则受到极大的冲击。

基于大数据的增值服务进一步增加了这种个性化支付的复杂性，甚至带来了企业商业模式的改变。互联网支付体系是大数据的重要来源之一，由此形成的独特的交易数据库，有助于开发出为某些特定的行业、企业设计的支付清算解决方案。而互联网支付体系一方面依托其大数据的分析，另一方面依托其对交易平台的控制，实现对资金支付事前、事中、事后的动态风控。事实上，上述两点归结起来，便意味着互联网支付通过对买卖双方的交易行为进行详细记录，有助于更好地实现三流合一，即把资金流、信息流以及物流统一。互联网时代的创新正在越来越多地利用想象不到的方式，将原本不同类型的要素加以融合。

从银行卡清算角度来看，一方面，这就使得发卡组织不得不考虑如何为个性化的支付方式设计差异化的规则以及清算方案；而另一方面，这也意味着清算市场的竞争会因此而加剧，甚至有可能造成市场被进一步细分，针对某种或某类支付方式拥有技术或组织方式上独特优势的清算组织会占领相应的细分市场。总体来看，在新技术的冲击下，整个支付清算体系将更加具有开放性，而以服务点导向的竞争加剧，最终将有利于给用户提供更有效的支付体验。

银行卡清算机构所处的特殊地位和其作用，决定了对它的要求大大高于一般支付机构，同时银行卡清算市场是一个小众市场，服务对象有限，再加上清算领域具有明显的规模收益效应，因此即便未来竞争将会变得十分激烈，从产业结构上看，一个市场中也不可能出现很多的银行卡清算组织。

3. 新的市场参与者

如果技术变革带来的新机会未被行业内的现有机构敏锐地捕捉到，那么必然会有新参与者进入零售支付市场，从而增加这一市场上机构的多样性。在支付市场中，这便意味着非银行机构的大量介入，这类机构的主营业务、运营战略、审慎管理机制不同于传统的参与者。事实上，近十年来，非银行支付机构（在国外被称为 non－bank Payment Services Providers，PSPs）的渗透便成为支付产业变革最主要的驱动力，它们给整个支付产业带来了机会，也带来了风险（Capgemini and RBS，2014）。为了提高市场份额和创造新的收入来源，银行选择与支付机构合作，支付机构提供的新兴支付工具有助于扩大银行的客户基础，甚至扩展到没有银行账户的市场。以消费者为导向的监管规则和快速的技术变革使得支付机构能够以多样化的形式介入到支付产业的价值链条中，这使得一些对于银行来说具有替代性质的支付服务提供者在 B2B、C2C 以及更加开放的企业支付领域赢得了市场份额。市场竞争的压力持续增加并使得整个支付产业变得更加专业化，然而在变革之中，银行和支付机构双方仍然保留了其差异化的优势，并形成了一种新的价值链条，在这个新链条中银行和支付机构之间的分工逐渐深化。

相比于前面提到的支付的便捷与个性化来说，这种分工的深化对于清算的影响更大。新的市场参与者的介入使得支付产业的利益格局变得复杂化，原有的市场秩序遇到了极大的挑战。原有的"四方模式"可以看作是在清算组织主导下，成员银行之间形成的一种稳定的统一的规则（例如集合定价等），事实上这也是其经常遭遇反垄断调查的原因。但是由于非银行支付机构的大量介入，使得银行之间集体行为很难再控制市场了。2011 年末，美国的非银行结算中介持有可转账存款总值 11995 亿美元，而银行结算中介（包括中央银行准备金、商业银行可转账资金）为 15653 亿美元；而在欧盟国家里，前者甚至超过了后者。这都表明，支付机构在支付体系中的作用相当大，尤其在零售支付领域，支付机构使用的支付工具交易规模，已经与银行的支付工具相比肩（中国社会科学院金融研究所支付清算研究中心，2014）。这意味着随着支付机构的发展壮大，在现代支付体系中，非银行支付机构与商业银行之间的合作是支付体系分工深化的体现，是双方需要各自重塑自身专业化竞争力，而并不是后者不能做或不愿做的事才应交给前者做。于是，从银行卡组织的角度来看，其规则的制定与执行变得更加复杂，非银行支付机构势力增强意味着市场秩序已经很难仅仅依靠银行之间的一致意见来维持。

4. 账户衔接方式的改变

对于转接清算组织来说，清算过程主要包括交易撮合、交易分拣、数据收集、数据汇总、相关数据的发送等步骤，其中原有银行卡规则的一个最主要的作用便是合理分配数字卡号，将付款人和收款人的账户相连接，顺利、安全地完成支付执行过程。

从技术层面上看，新技术的应用将使得支付更加电子化。如果从广义的电子支付的定义来说，银行卡支付也应包含在电子支付的范畴内，而从现在已有的发展趋势来看，更加虚拟的支付账户有可能在特定情况下能够替代银行账户，使得支付过程更加脱离物理卡介质，实现所谓的"无卡支付"。而在此过程中，一个根本的改变在于付款人和收款人账户的衔接方式，恰恰这是原有银行卡支付系统搭建的核心之一。

从表面上看，无论是在卡时代，还是在现如今向网络支付转变的过渡时代，账户的识别都是基于银行卡号，而账户的衔接则依托于识别卡号的卡支付系统。卡号是标识发卡机构和持卡人信息的号码，在 JR/T 0008－2000 标准中是与主账号（Primary Account Number，PAN）等同的。PAN 码是指标识发卡行和持卡者信息的号码，由发卡机构标识号码、个人账户标识和校验位组成，它是进行金融交易的主要账号。卡号一般包括：卡 BIN 代码＋段号＋发卡顺序号＋校验位。其中段号、发卡顺序号、校验位等都是由发卡行自己规定的，而卡 BIN 代码则是由 ISO 负责分配，其目的是为了在跨行转接中避免出现不同银行账号相同的情况。事实上，卡 BIN 代码的分配为卡支付系统提供一种规则秩序。

但是利用互联网进行支付时，从技术上讲，判断账户属于某银行的依据完全可以不需要账号中的某几位数字，这时账号事实上只是用来判别银行内的账户，各银行之间即便不用某一种统一格式的数字账号，也能够实现转接清算。这意味着原有的卡规则的效力将会逐渐下降。账号卡号关系发生改变意味着原有银行卡支付系统的安排在未来可能会相应调整。当然，在现阶段，人们并不是完全通过网上实现支付，也同时需要通过原有的卡系统进行支付，这时便需要银行账户间在线上线下两个系统同时能够转接，虽然网上支付不需要卡规则，但是卡支付需要，两个系统之一存在需要，便意味着银行账号仍需要卡规则，银行账号就必须是符合规则的卡号。

账户本质上就是一串唯一性数据，由账户机构生成并管理的这一串数据事实上与人们的生活没有太大的关联，没有多少人能够记得自己的所有银行卡号、宽带号、水表号、有线电视号。支付创新带来了虚拟账户的普及，在一定程度上便是在逐步地"消灭"银行卡账户，取消账户管理机构的规则制定权力，让用户可以有选择地在各种场景中，用各种方式使用账户，这更加符合人类社会发展的需求。这意味着在未来银行在支付产业中的地位将会逐步下降，而更加靠近客户的非银行支付机构特别是电商平台将扮演越来越重要的角色。《世界支付报告2014》预计，到 2024 年银行在非现金支付交易量中的份额将会下降到 50%。这意味着基于银行卡支付而形成银行卡规则适用的范围将会逐渐缩小，传统的银行卡组织亟须考虑如何由"银行卡清算业务"转向"零售清算业务"。

（四）支付清算的变革力量：供给方面

如果单从技术上来说，清算环节可简单地分为三个环节——信息收集、信息处理和信息发送，而其他工作诸如制定规则等实际上都是为了这三个环节能够有效地实现。所谓从供给方面来谈支付清算的变革力量，实际上便是探讨互联网技术的进步将会给这三个环节工作带来的提升。

1. 大数据

对于支付便捷以及个性化的追求不可避免地将使得支付工具、支付渠道、支付机构都日趋多样化，这很可能会改变原来的使用一套单一规则处理银行卡支付的情况。从信息收集环节来说，如何能够有效率地接收不同类型的支付工具、支付渠道、支付机构所传递的不同的支付信息，则是作为后台的清算环节对于支持前台的支付创新的最好的支持。大数据方法为此提供了可能。

所谓大数据通常是指数据量大到超过传统数据处理工具的处理能力。迈尔—舍恩伯格和库克耶（2012）曾指出，据估计，只有 5% 的数字数据是结构化的且能适用于传统数据库，而大量的影像资料、办公文档、扫描文件、Web 页面、电子邮件、微博、即时通信以及音频等非结构化数据则难以有效利用。但是借助大数据，这些非结构数据得到有效利用将成为可能。事实上，大数据带来了商业模式的改变（通过收集、分析海量数据，获得有价值信息，并通过实验、算法和模型，从而发现规律、收集有价值的见解和帮助），然而如果仅从银行卡清算的角度来说，或许并不需要如此充分地利用大数据，当然如果考虑未来在清算基础上再提供其他增值服务则另当别论，不过大数据至少可以为银行卡清算组织更好地收集不同类型的支付信息提供了技术基础。

2. 云计算

与大数据相伴的是云计算，在互联网和电子商务发展过程中，云计算可谓是其中最重要的技术革命之一。一方面，云计算已逐渐成为帮助互联网中小企业创新、保持竞争力必不可少的信息基础设施；另一方面，云计算对互联网相关产业正在产生重大影响。在利用大数据分析时，数据体量巨大，并且产生信息的增长速度惊人，而与此同时，其价值密度低，其中可能有用的数据仅占很小一部分，但却是这很小一部分数据中隐藏着巨大的商业价值，可谓沙里淘金。至少从目前来看，想要以必要的速度要求来处理这样的数据量，云计算必不可少。

就像一百年前，电网是工业经济大发展的基础，目前云计算正在成为信息时代经济发展的动力。在互联网的新产业变革下，云计算作为一种计算服务，已不可能通过购买软件和硬件来获取，它已成为一种综合服务能力。在移动互联网和大数据时代，云计算是所有企业必不可少、最重要的信息基础设施，对于任何一个要想参与全球竞争的互联网企业，云计算是不可或缺的关键技术和核心要素，同时也是传统企业互联网化必不可少的先进信息技术。同样，在清算过程中的信息处理环节，有效地利用云计算必然有助于其效率的提升，并且有助于支持前台的各种支付创新。

3. 信息传递效率的提升

互联网大大提升了信息传递的效率，如今这种大容量、高速度的信息传递方式已经渗透到社会经济的各个环节，逐步成为新经济模式的基础。互联网的这种优势是其带给人们的最直观感受，因此在此并不多表述，其不断的发展进步必然有助于清算数据更有效地被发送。

四、对银行卡清算模式的探讨

（一）银行卡产业的发展：分工视角

近些年，由于国内传统卡支付产业中的"四方模式"在互联网上（线上）受到冲击，一些人或许据此认为在线上传统的卡清算模式可能会被颠覆。然而若要真正理解卡清算模式的演进历程及未来发展方向，则需到经济学的最基本理论——专业化分工——中来寻找答案。经济学开山鼻祖亚当·斯密在其鸿篇巨著《国富论》第一篇开始便探讨分工。在分工的基础上，交易才不再是偶然发生的，而是真正融入人们的生活。分工与交易实际上是斯密理论的核心，甚至是经济学理论的核心。通常情况下，人们在分工的基础上，通过各自发挥自己的比较优势，必然能够普遍增进人们的收益，或者可称带来了"分工净收益"（王诚，2012）。特别是在明显具有规模报酬递增（如前期固定成本投入极大而后期提供产品或服务的边际成本极低）性质的市场中，专业化使得企业能够有效地扩大覆盖市场的范围，从而降低提供产品或服务的成本；当然反之也意味着，如果市场并不足够大，专业生产者便很难存活下去。因此，往往是随着市场的扩大，分工和专业化的程度不断提高，进而带动产业的发展。事实上，从历史上看，卡清算模式的演进历程正体现了分工的不断深化所带来的专业化效率的提升。

在市场经济中，我们最容易理解的交易便是"一手交钱一手交货"，这可以作为我们开始分析的一个基准，在这个基准交易模式中并不需要清算。随着市场的发展，短期的带有随机性质的交易逐渐地被长期的带有固定性质的交易取代。例如，人们在购买某种产品或服务时可能倾向于选择较为固定的一个或若干个供给者，这一方面是由于这些供给者提供的产品或服务更加符合需求者的偏好，而另一方面这也是由于在长期的交易过程中，这些供给者往往能够给予需求者稳定的预期——关于（产品或服务的）质量、价格或其他方面。伴随着信用水平的提升，卡清算的第一种模式便出现了，暂且称为"两方模式"，事实上无论是在理论上还是在现实中都没有这种提法。

"两方模式"的一个典型例子便是由商户发放的预付卡。不过为了避免理解上的分歧，最好不要去考虑现实中有关预付卡业务的管理办法，最好设想为没有银行存在情况下的预付卡业务。消费者通过购买商户发行的卡片先行支付费用，而后在实际消费过程中只需刷卡便可完成支付，尤其是在商户连锁经营时，这种预付卡能够带给消费者更大的便利。实际上可以将其变相理解为商户发行的一种"借记卡"，虽然资金"储蓄"在商户处时无法增值，但却通常可以得到变相的"利息"——折扣。实际上，商户针对信用程度较高的忠诚客户也可以发行"信用卡"，即消费者每次消费时应可先"记账"，而后在约定时期内一次性付清之前的欠款。在"两方模式"下，存在两个市场主体，即商户和消费者，其中商户集中处理交易与支付两种职能，换句话说，此时物流、资金流、支付信息流三流是完全合一的。并且正是由于商户与消费者之间的交易关系由"一手交钱一手交货"变为了"一次交钱多次交货"，清算职能便出现了，此时执行清算职能的是商户自身，其清算范围也仅局限于每个独立的消费者的多笔支付，事实上，这种清算甚至简单到很难将其与清算联系在一起，因为商户只需简单地将每个消费者每次消费时支付的金额累计起来即可。然而"两方模式"却是我们理解清算模式演进的基准，正如"一手交钱一手交货"是我们理解交易的基准一样。

由于是由商户自身来主导，卡的使用范围必然难以有效地扩展，因此"两方模式"下便很难形成卡产业或支付产业。当然对于商户来说卡只是配合其自身经营的一种手段，而并非希望通过发展卡产业而获利。卡产业的形成伴随着我们通常所说的"三方模式"的出现。在这种模式中，一个专门的卡片发行者——卡组织——出现了，许多商户接受其发行的卡片。在这种模式中，商户将每一笔包括客户账号、支付金额等在内的购买信息发送给卡组织，卡组织支付给商户，然后将每段时期（通常一个月）消费者的支付记录发送给持卡人，而后持卡人按约定方式结账。从分工的角度来比较，很明显"三方模式"是将"两方模式"

中集于一体的交易与支付职能分开，并由不同的主体来负责执行，商户专门交易，而封闭式卡组织则专门负责支付。在"三方模式"下，存在三个市场主体，即商户、消费者与卡组织，其中商户集中处理交易，而卡组织则处理资金的垫付，同时对于封闭式卡组织来说，现代意义上的清算业务也出现了，只是清算结果是用来支持其自身的付款与收款。相比于"两方模式"来说，"三方模式"意味着分工的细化——交易与支付分离，然而支付（垫付）与清算仍然集中在一起，换句话说，此时物流已经与资金流、支付信息流分离了，然而资金流和信息流仍然合二为一。

由于"三方模式"的卡组织具有封闭性质，大大阻碍了其市场范围的扩大，从各国支付产业发展趋势来看，其逐渐被"四方模式"取代。而这种取代最根本的原因在于"四方模式"进一步将分工细化了，卡组织专职于做清算，而支付则交由更多的合作者（银行）来完成，从而大大拓展了市场范围，规模报酬的递增降低了提供服务的成本。对于"四方模式"，第二部分有较多的介绍，这里不再详述。"四方模式"下清算的内容与"三方模式"并无太大区别，只不过由于卡组织自身不再负责发卡和收单，因此便需增加从发卡银行接收信息和向收单银行发送信息两项职能，而资金流则不再经过卡组织，直接由发卡银行转入收单银行。这意味着资金流和支付信息流进一步分离了，卡组织专门承担清算职能以及与之相关的标准制定、市场秩序维护等。由于在"四方模式"下，银行作为储蓄机构和支付机构介入到支付产业中，并且因为发卡者和收单者都是各个银行，卡组织是推动和协调不同银行的银行卡业务发展的组织，因此目前人们更多地将该产业称为银行卡产业。即便人们如此称呼，我们也应该明白，从国际上看，在"三方模式"以及"两方模式"下，卡片并不都是由银行签发。

互联网技术的进步促使交易以及支付进一步发生变革，并形成更大的支付生态圈。从分工深化的角度来看，在交易环节，交易信息流和物流出现分离，例如，网上交易加物流配送的电子商务模式；而在支付环节，随着专业的非银行支付机构的涌现，使得资金支付与资金存储进一步分离，支付（收单）业务由专业化的支付机构来完成，而储蓄职能以及银行间的转账则依然由银行来承担。虽然支付产业的参与主体增加了，然而从清算模式来看，原有的"四方模式"架构并未发生本质性的改变。

（二）互联网时代的支付清算模式

在本章第一部分，我们曾详细介绍过国内第三方支付在线上形成的所谓的"新清算模式"，见图2-9，事实上，我们认为这是在诸多特殊因素影响下所形成的一种变通的模式。至于在国内为何会出现这种变通模式，我们将在后文详细探讨，而这里则主要试图证明，这种变通模式本质上并没有超出传统的"三方模式"和"四方模式"范畴。如果在现有的图2-9反映的清算模式的基础上将其中不必要的环节简化掉，我们可以预期这种清算模式或许存在两种可能的发展前景。

一种可能是支付机构（在此主要是指集合在电商平台中的支付机构）直接转化为平台银行，这是一种深层次的业务融合，不仅体现在支付流程各环节的融合，更体现在实体交易中介、金融服务以及支付功能的再次整合（见图2-17）。这种模式带来的后果是将使得现在的跨行转接清算衍变为资金先从其他银行转入平台银行，而后具体交易时进行行内清算。当然，不同平台银行之间仍然需要传统的银行卡组织的转接清算。事实上，图2-17仍然不够简化，因为交易发生前资金由A银行和B银行转入平台银行这个环节实际上与交易过程中整个支付过程无关，实际上在整个支付过程中，全部的相关主体只有三个：平台银行、商户和消费者。事实上这就是一个非典型的"三方模式"。这并不奇怪，因为"三方模式"的卡组织本质上就是一个平台，正如美国运通董事长兼首席执行官肯尼斯·钱纳特（Kenneth I. Chenault）所说："大多数人认为美国运通只是一个卡组织，但是我却可以告诉你，我们是将其作为一个平台公司来运作的。"

另一种可能则是由电商平台来做清算业务，那么实际上这便完全与现如今的由银行卡组织主导的"四方模式"完全相同，只不过在其中电商平台承担了卡组织的职能。

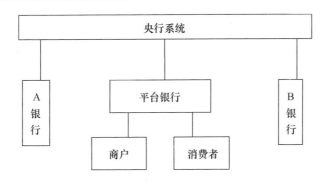

图 2 – 17　网络平台跨行转接清算模式发展的一种前景

可见，在必要的简化之后，我们可以发现国内的这种所谓的"新清算模式"实际上并没有超出传统的"三方模式"和"四方模式"范畴。实际上，对于电商平台来说，最有可能出现的是将"三方模式"和"四方模式"结合起来，实际上国内外的电商支付都出现了这种发展趋势。例如，在国内便有商户和消费者将一定量资金或在一段时间内将资金存在支付宝或余额宝中以方便交易支付，这便类似于"三方模式"；而也有商户和消费者只是在支付环节才利用支付宝顺利完成交易，这时支付宝更多执行的是跨行转接职能，类似于"四方模式"。国外电商目前普遍也是既发行闭环预付卡，同时也参与到传统的"四方模式"中来，不过其通常会选择与传统银行卡组织合作以便参与其中。然而即便如此，我们也很难将"三方模式"和"四方模式"的结合视为一种新模式，况且从国际经验来看，国外电商更多地并不会由自己来主导"四方模式"。

深入分析来看，目前互联网带来的技术发展和组织形式变化实际上并没有带来清算环节的进一步分工深化，因此必然无法在清算模式上有所突破。然而，以上的论述中仍然存在两个问题亟待解答：第一，互联网是否可能带来"三方模式"的"复辟"？第二，电商平台是否有必要将清算业务集合于一身？

1. 互联网与"三方模式"

与"四方模式"相比，"三方模式"是封闭的，因此其拓展市场规模的难度要大得多，这使得以美国运通为代表的"三方模式"卡组织更多地侧重于提升单卡消费额而不是追求发卡量。然而这种盈利模式实际上是与互联网相冲突的，因为互联网的服务对象更多的是草根而不是精英，这使得单卡消费额很难有所提升。另外，与开放式卡组织相比，封闭式卡组织可以更好地制定和执行其战略，其更容易将目标消费者和目标商户有机地结合起来通盘考虑，从而有针对性地进行市场细分和定位，使其在支付产业运作过程中资源投入更加有效率。然而在此过程中，封闭式卡组织得以运作成功便取决于其是否对目标客户的需求有着敏锐的洞察力。对于一些封闭式卡组织（如美国运通）来说，对目标客户需求的精准把握是其潜在的优势之一。然而在互联网时代，促使"三方模式"存在的这种优势很可能不复存在，因为即便电商平台选择"四方模式"，通过大数据的分析，其也完全可以做到更加精准的定位。

那么为什么电商平台会选择闭环的"三方模式"呢？我们认为主要原因在于其希望借此增加客户忠诚度，锁定目标客户群，巩固其在电商领域的地位。因为由互联网催生的平台型经济具有典型的网络外部性与规模效应，在某种程度上具有"赢者通吃"的特征，这使得平台在前期纷纷希望能够尽可能快地抢占市场。配合电商平台的交易特性为顾客提供更加便捷、安全、人性化的支付解决方案，其目的与其说是为了在网络支付业务中占据更大话语权，倒不如说是为了进一步增强和巩固其在电子商务领域的优势。在这种背景下，其选择引入"三方模式"，并不是希望在清算甚至支付领域盈利，而是为了配合其在电商业务领域的市场拓展。据此，我们认为由于竞争与创新的持续存在，电商支付的"三方模式"很可能也会长期存在，但却不可能成为未来互联网支付中的主导清算模式。

2. 电商平台的清算业务

下面则要着重分析"四方模式"。在国内，电商平台选择自建网络从而取代了传统的银行卡组织而将清算业务集合于一身，然而在国外，我们却看到电商不是仅仅停留在支付环节，而是选择与银行卡组织合作。例如，PayPal 便是通过 VISA 的收单机构，以商户的身份接入 VISA 的支付系统，实现 VISA 卡在 PayPal 系统里支付。

那么从分工的角度来说，互联网技术的进步是否有动力促使电商平台去集合清算业务呢？事实上单从理论上讲很难厘清，因为分工并不能简单地理解为"对工作的细分化"，而是为了获得分工净收益而产生的一项工作分类或工作类型划分，既可以是在原有的工作中细分出来的，也可以是与原有的工作没有关系而新出现的，或者是把新旧两方面工作综合起来形成的（王诚，2012）。这样来看，原本已经分拆出来的交易、支付和清算业务也并非不可能重新合并。支持互联网会促使业务合并的观点的原因可能主要有二：一是认为这有利于物流、资金流、信息流"三流合一"；二是大数据带来的商业模式改变使得电商平台可以充分利用支付数据提供精准营销或其他增值服务。然而仔细分析便会发现这两个理由并不成立。

从前面的论述中我们不难看出，卡清算模式从"两方模式"发展至"三方模式"再发展至"四方模式"是一个分工演进过程，在此过程中，物流、资金流和信息流逐步地相互分离。然而这与所谓的"三流合一"并非是冲突的。"三流合一"并非指这三流必须要由一个主体来承担，否则甚至没有必要由"两方模式"发展为"三方模式"了。"三流合一"主要强调的应是在合理分工的基础上这三流如何能够有机地结合起来，事实上这针对的是非合理的分工造成"三流"的人为割裂。实际上，由市场自发力量促成的分工必然是合理的，同时也代表着分工的深化，因为若非如此，这种分工便不可能具有市场竞争力。从"两方模式"到"四方模式"的演进恰恰就是由市场力量推动的分工深化，因此想要简单地利用"三流合一"的说法来证明电商平台集合清算业务的必要性是很难站得住脚的，除非能够证明互联网带来的技术进步确实能够大大提升两种业务之间的关联性，从而使得一个市场主体来承担更有效率。

大数据技术便被赋予了这种能力。前文我们也曾说过，互联网支付体系是大数据的重要来源之一，由此形成的独特的交易数据库，有助于开发出更多的增值服务。然而对于电商平台来说，这实际上是不成立的，因为与单调的支付数据相比，电商平台完全可以获得内容更加丰富的交易数据，甚至网页的浏览数据。换句话说，电商平台的大数据增值服务事实上根本不需要支付数据，因此大数据并没有能够将电商交易与支付清算有机地关联起来。在电商领域的快速创新背景下，其通过创新支付解决方案来支持其平台发展具有合理性，然而只要清算组织能够做到与电商平台的创新支付方式有效地衔接——有效地接收、分析支付创新带来的多样化的支付数据并迅速、安全地传递信息，那么电商平台自身并没有必要将清算业务也集合于一身。这也是为何从国际上看，诸如 PayPal 等互联网支付机构依然在遵循卡组织模式的原因。实际上，课题组在对国内知名第三方支付机构进行调研时，其相关负责人曾表示，他们选择自行建设支付清算网络是被迫之举，原因在于现有的银行卡清算组织提供的标准化的服务很难满足其线上业务对于支付清算的特殊需求，如果有其他机构能够有效满足其需求的话，他们乐于将这块业务转移出去。

（三）中国银行卡清算发展的特殊性

1. 外植型金融体系下支付清算的内生性发展

金融源于实体经济部门中城乡居民与实体企业之间的资产权益与资金的交易，其中，城乡居民是资金的供给者，实体企业是资金的主要需求者，交易对象是实体企业的资产权益。因此，金融内生于实体经济。然而改革开放以来，我国的金融体系则是在借鉴发达国家经验的基础上，由政府推动建立的一套从外部植入实体经济部门的金融体系。这种外植型金融体系主要是以银行为主导，一方面以银行业的间接金融为主体，通过银行存贷款的再创造货币机制，保障了经济运行中所需的巨额资金供给，支持了我国经济的高速持续发展。另一方面，又以最低廉的利率吸收存款资金，并以相对昂贵的利率贷放资金来保障银行业可获得稳定的卖方垄断利润。从 20 世纪 90 年代初开始，实体经济部门就不断寻求突破，但成效甚小。从监管者的角度来说，在外植型金融体系下，其呈现出两个最明显的特征：一是用管制替代监管。在转轨时期，监管者面对新的经济环境（市场经济）时，一方面对市场主体的纪律性缺乏信任，另一方面则是对自身面对种种未知情况下的监管能力缺乏信心。在这种情况下，给市场主体更大的经营活动范围，便意味着需要面对更多可能出现的问题，与其说针对每一种问题再考虑一种规制措施，倒不如通过一些管制措施限制市场主体行为，从而从根源上排除许多或有的甚至是未知的风险。此外，一些管制措施——尤其是准入限制——使得"牌照"的价格高企，从而抬高了已得"牌照"的金融机构机会主义行为的成本，并且针对数量较少的大机构进行监管本身也会减轻监管者的工作压力。二是分业经营分业监管。分业监管体制确立后，各监管当局的监管范围进一步清晰明朗，监管专业化程度大大提高，监管科学化与精细化程度也与日俱增。同时分业监管也促进了市场细分，如保监会成立后财产险与寿险的细分，证监会对基金管理公司的培育，银监会对银行的分类监管，在客观上丰富了金融产品，提高了金融服务能力。

在外植型金融体系下，此前唯一的银行卡清算组织中国银联也是在政府的行政推动下诞生的。通过行政方式成立的中国银联对于打破利益相关主体僵持局面起到了重要作用。中国银联的产生打破了国有银行之间的壁垒，给用户带来了更多的方便，让整个金融市场的资金更加具有流动性，标志着"规则联合制定、业务联合推广、市场联合拓展、秩序联合规范、风险联合防范"的产业发展新体制正式形成，也标志着我国银行卡产业开始向集约化、规模化发展，进入了全面、快速发展的新阶段。

然而由于国内银行卡清算市场长期以来都没有放开，这使得银联虽然在业务规模上已属世界前列，但在应对市场变化与市场竞争方面与国际卡组织仍有不小的差距。特别是在定价方面，作为银行卡组织，银联长期以来缺乏真正的定价权，使其难以针对市场情况灵活设计、调整价格结构。这些短板在线上支付领域体现得尤其明显。网商通过互联网进行销售时，遇到了货款支付清算环节的障碍：从付款方看，消费者在网上（即线上）购买了消费品并利用银行卡支付了货款后，担心由于多种原因收不到所购货物，不愿意或不敢通过互联网购物；从供货商家看，如果不能保证货物销售后收到货款，也不愿意或不敢向购货的消费者发货。这一瓶颈如果不能打破，那么通过互联网进行的消费品交易就将难以展开，而原有的银行卡支付体系在电子商务发展之初并没有很好地解决这个问题，这促使一些网商在借鉴欧美国家的成功经验基础上探索出自己的一种第三方支付的网上购物模式。由于传统的卡支付体系难以完全满足第三方支付机构的需要，使得第三方支付机构被迫纷纷与银行直接沟通，自行建设网络，又由于其不能接入利用央行的支付系统，其自建网络只能通过在银行建立账户的方式来完成。事实上这造成金融基础设施投入的浪费。此外，由于消费者将购物款汇划给第三方与第三方将这些购物款汇划给供货方之间存在着明显的时间差，在这个时间差内，购物款实际上沉淀于第三方账户之中，由此给第三方支付机构创造了利用这一沉淀资金展开其他各种金融活动（包括转接清算）的条件。

外植型金融体系的两个主要特征促使了第三方支付得以顺利地向其他金融领域成功拓展。第一，外植型的金融机构与实体经济并没有形成有效的融合，在银行卡消费上出现了银行管资金流、商业机构管物流，却无人管客户信息流的格局。这种格局并不利于金融服务的有效拓展。相反，第三方支付机构由于起源于网上交易的需要，有着将资金流、物流和信息流连为一体的功能，是一种从实体经济内部产生的金融活动。特别是对信息流的有效利用，使其很容易向提供清算服务、证券基金、保险销售等其他金融服务领域延伸。第二，分业监管体制在严重限制正规金融机构的业务拓展与实体经济运行的链接程度的同时，却为第三方支付等非正规金融的快速发展提供了条件。这是因为它们不属于金融机构范畴，因此其业务活动不受金融监管部门的直接监管。虽然此后一系列针对第三方支付的规章制度不断完善，然而面对其业务规模和服务范围的迅猛扩张，现有的分业监管模式很难跟上行业发展的步伐。事实上，还有一个方面也不容忽视，那便是在体制转轨阶段，从改革中要红利成为政府普遍贯彻的一种发展策略，因此面对一些内生于实体经济的金融需求，监管者虽然并不认可其合法，但往往也给予很大的包容性，给予创新者以"摸着石头过河"的探索空间，这促使第三方支付机构在较为宽松的政策环境下野蛮生长。因此，从银行卡清算领域来看，虽然长期以来合法的清算组织只有银联一家，然而在需求拉动与政策宽容的背景下，变相从事清算业务成为一些第三方支付机构的必然选择。

反观欧美发达国家，由于其支付系统的市场化、开放性程度比较高，监管制度也较为完善、严格，这使得其银行卡清算组织主动应对市场需求变化的能力较强，支付机构的运作也较为规范，因此并未出现支付机构跨界做清算的现象。

事实上，由第三方支付机构从事清算业务存在较大的风险。一是其沉淀资金透明度较低，若用作其他投资，一旦发生风险，将给客户带来损失。二是其安全标准与传统的银行卡组织相比有较大差距，普遍地并没有良好的风险管理经验，同时第三方支付是依赖互联网技术的行业，互联网的开放性也使得数据隐私容易被泄露。事实上，在欧洲，正是由于在安全和数据隐私方面较高的监管标准使得银行卡清算行业创新较为缓慢。三是第三方支付的现金流并不受人民银行反洗钱的监管，容易被不法分子利用进行洗钱和诈骗等非法行为。

2. 放开清算市场的影响

2015 年 4 月国务院印发了《关于实施银行卡清算机构准入管理的决定》（以下简称《决定》），于 6 月 1 日正式执行，这使得零售支付体系中的清算市场改革终于拉开序幕。2016 年 6 月央行和银监会发布了《银行卡清算机构管理办法》（以下简称《办法》），并于发布之日起实施。

根据《决定》以及《办法》的内容来看，体现了以下几方面特点：一是国际惯例与中国国情相结合。就全球来看，在银行卡清算环节都体现出适度、有限竞争的特点，一方面在发展演变过程中，各国都逐渐形成不同规模的银行卡清算组织；另一方面在激烈的长期市场竞争中，加上规模经济和服务效率的影响，只有 VISA、万事达等极少数卡组织占据了主要市场份额。就我国来看，从过去的单一卡组织，到放开市场准入，充分体现了清算市场的开放与竞争。而考虑到银行卡清算市场的特殊性，加上我们需在较短时间内跨越欧美国家几十年的市场探索，因此有必要进行相对严格的市场准入管理，以避免出现大量低效和无序竞争。

二是坚持改革创新与维护金融稳定相结合。《决定》出台的目的，也是基于社会各方对于银行卡及其清算服务越来越多样化的需求，以制度创新带动市场结构创新，进而通过推动有序竞争与行业生态建设，促进整个银行卡产业的技术创新、产品创新与服务创新。同时，在 2008 年金融危机之后，各国都开始高度关注各类支付清算金融基础设施的风险控制问题。银行卡清算涉及诸多主体的利益，也是最重要的金融基础设施之一，对于金融乃至经济社会稳定都有复杂影响，因此其创新必须以稳定为出发点和前提，努力实现效率与风险的平衡，这在《办法》对于市场准入资格的描述中已得到了体现。

三是对外开放与对内开放相结合。虽然在 2008 年金融危机考验的"后 WTO 时代"，全球贸易与金融保护主义不断抬头，但是对致力于在经济金融全球化中承担更大职责的我国来说，合理的对外开放仍然是重要的国家战略。《办法》对于外资卡组织提供了进入的通道，正体现出我国以对外开放来维护公平竞争，并鼓励外资卡组织为我国金融机构、企业和居民提供更高质量的国际化服务。此外，在支付体系的工具与交易层面，我国对民营企业的开放程度可谓全球领先。在清算环节也有许多第三方支付企业进行了特定环境下的探索。由此，《办法》不仅可以在更多的支付清算环节落实对内开放的原则，而且有助于引导和规范已有的民营资本对银行卡清算领域的介入。

四是准入管理与业务管理相结合。对于银行卡清算市场来说，放开准入是第一步，使得现有卡组织、外资卡组织、有志于组建卡组织的银行或企业等，都能在同等原则下开展新的竞争，《办法》对于具体申请程序已做了详细描述，使得这一改革的时间表更加清晰可期。另外，卡组织往往属于"系统重要性机构"或"系统重要性金融基础设施"，其业务运行都是各国监管的重点。还有，卡组织通常掌握大量的支付交易信息，也关系到国家战略利益或持卡人信息保护。因此，《决定》提出了业务管理的要求，旨在构建准入之后的常态化监管机制，也反映了这项改革的制度完整性和连续性。

实事求是地看，《办法》的出台是我国支付清算体系改革中的一件大事，这项改革主要顺应了四个方面的基本趋势。

一是国际化大趋势。伴随人民币国际化、资本和金融项目开放的步伐不断加快，包括卡组织在内的支付清算设施，也必然走向国际化、适应国际化的"游戏规则"。应该说，《办法》无论在把握国际化带来的银行卡清算需求方面，还是借鉴发达国家的金融基础设施建设等方面，都充分体现出国际化特征。可以预计，在我国的全球金融影响力逐渐提升的大背景下，银行卡清算走向国际化的市场"蛋糕"，将为各方带来前所未有的合作空间与发展机遇。

二是技术变革的趋势。当前，信息及通信技术（ICT）的进步，大大降低了交易成本，提高了资源配置效率，其对于支付清算体系的冲击是全面的。在此基础上，央行主导的大额资金转移系统可以更有效地服务于货币政策操作，证券清算结算体系则面临促进交易效率提升与风险传染难以把握的"双刃剑"，而与老百姓关系更加密切的是零售支付领域令人眼花缭乱的变革。在新技术的冲击下，作为零售支付体系核心的银行卡清算市场，也直面走向多元化和差异化的迫切需要。

　　三是市场化改革趋势。许多实证分析表明，适度扩大竞争、引入新的市场主体，是符合消费者、商户与社会利益的支付清算产业发展的正确方向。随着银行卡清算市场改革的推进，这一基础设施要对经济增长起到更好的支持作用，就需要在明确风险控制底线的前提下，确立市场准入和运营、退出的游戏规则，鼓励市场化竞争，促使参与市场的卡组织加快技术创新和组织完善，最终形成多层次、高效率、低风险的银行卡清算服务体系。例如，在《决定》中便提出"银行卡清算机构不得限制发卡机构和收单机构与其他银行卡清算机构开展合作"，这已明确了这一政策思路。事实上，各国实践也证明，在合理的市场化规则引导下，加上监管部门有效的立法规制和司法约束，能够实现一个各方共赢的银行卡清算市场体系。

　　四是消费者主导趋势。随着我国的经济发展模式转型，构建一个消费者主权社会也成为题中应有之义。新技术的飞速发展，极大地改变了消费者的行为模式，引发了客户消费需求的多样性，这又引起商户行为变化，进而引发商业业态的重新整合，然后引起电子支付工具创新，再进一步就会引起利用这些工具的新型支付组织演变，接着对于清算服务提出全新的要求，最后对于整个零售支付体系产生影响。银行卡一直是零售支付体系的核心环节，银行卡清算市场改革同样最终也是为了适应"互联网＋"时代的消费者和持卡人的个性需求。

　　应该说，银行卡清算市场的放开，对于不同主体带来的影响是有差异的。首先，各方最为关注的是对银联的影响。对在特定历史时期对中国银行卡产业发展做出突出贡献的银联来说，当前也到了"二次创业"时期。无论是外资卡组织进入，还是出现新的内资卡组织，在目前整个银行卡收费模式既定的情况下，可能会分掉银联一部分市场份额。但是从长远来看，则或许会化危机为动力。一是在竞争作用下，银行卡清算服务乃至整个银行卡产业可能形成更好的发展生态，最终导致技术引领的交易和清算环节创新不断涌现，使得整个市场"蛋糕"不断做大；二是依托于多年的国内深耕和品牌影响力，银联在市场化转型和二次创业的动力下，可能在依托平台提供多元化增值服务、拓宽盈利模式方面，做出更大文章；三是银行卡清算市场的"引进来"和"走出去"是同步的，也代表了我国支付清算市场基础设施的国际化趋势，这样银联借助近年来在国外的品牌和渠道建设成绩，依托"一带一路"等国家战略，也很有可能在全球范围内进行更大的业务拓展，同步服务于我国金融市场和人民币国际化进程。

其次，对于多数没有跨行转接清算能力的第三方支付机构来说，可能这是一个被动的改革。当然如果有多个卡组织，第三方支付机构会有更多的业务合作空间和模式创新。对于支付宝等行业领先的、实际上已经进行了分布式清算模式尝试的第三方支付机构来说，这确实是一个正面的信息。在我国独特的发展背景下，部分第三方支付机构的清算模式，实际上与原有的集中式清算、代理式清算都有所不同，也缺乏有效规则的约束，更多的是在模糊地带。从监管者来说，可能会担心其会否带来系统性风险、缺乏结算最终性等；从第三方支付机构本身来说，也担心法律风险和沉淀资金的"双刃剑"作用。那么无论从监管部门，还是具有清算功能的第三方支付企业自身来看，都面临如何促进转接清算业务更加规范发展的问题。由此来看，《办法》的出台有助于通过开"正门"促使第三方支付的分布式清算走向更加稳健和规范，有利于引导民营资本对银行卡清算领域的合理介入。这些相应的第三方支付机构，完全可以参与到银行卡清算市场建设中。但是，进一步来看，部分事实上已经具有转接清算功能的第三方支付机构，如果单独申请卡组织，可能需要投入更大的成本，也不一定获得理想结果。相对而言，支付企业、银行、其他组织的共同合作发起，可能是更好的结果。第三方支付机构期望做清算业务的动力，或许有三方面：一是希望现有的清算功能走向"阳光"和"规范"，进一步完善清算业务的布局和风险控制，避免规则缺乏的不确定性;二是完善产业链和构造大平台,对于支付清算产业来说,除了交易和支付产品的创新环节,清算环节的作用和重要性同样突出;三是在提供清算服务基础上打造的大平台,也能够用来提供多样的金融增值服务,从而构造网络时代平台经济模式的重要基础设施,这也是诸多具有互联网企业背景的第三方支付机构的愿望。

再次,各界对于哪些机构能够获得牌照有许多猜想,但需要看到,一是《决定》的准入条件只是基本条件,还需要深入分析申请机构对于支付清算基础设施的实际运营能力,实现"优中选优",因为银行卡清算组织在各国都是最重要的金融基础设施之一,对于效率、稳定性、安全性的要求都极高。二是根据国际经验,银行卡清算市场的有限竞争通常是符合各方利益的,而不是过度和无序竞争。因此,银行卡清算市场的开放也不能走向大量发牌照的另一个极端。短期来看,一方面,银联和外资卡组织,可能需要重新申请牌照;另一方面,对于新设机构来说,或许更为合理和现实的选择,是推动有条件的各方共同发起成立一个新的银行卡清算机构,从而通过引入竞争,努力在推动银行卡品牌和清算服务的多元化、差异化等方面有所变革。

最后,按照现在《办法》的流程,一家机构从申请到最终开业,大概要花两年的时间。长远来看,银行卡清算领域的适度竞争,能够更好地满足消费者、商户与社会利益的平衡,也是支付清算产业发展的正确方向。随着支付清算体系市场化的推进,未来转接清算体系要对国民经济增长起到更好的支持作用,就需要在明确风险控制底线的前提下,不断完善清算市场准入和运营、退出的游戏规则,促使各个卡组织自下而上地进行技术创新,采取顶层设计和基层探索相结合的方式,最终形成多层次、高效率、低风险的跨行转接清算服务体系。《办法》对于未来我国零售支付市场的影响可能体现为以下几个方面:一是提高市场竞争效率,监管者进而将减少行政干预,更多地通过立法和司法模式来规范竞争秩序,保护产业弱势群体的利益;二是技术创新加速,适度的竞争将给予传统卡组织以更加积极的技术创新动力,VISA 和万事达等近年来进行的移动支付服务创新已经证明了这一点,这最终将有利于银行卡产业的进一步深化,也为终端客户和持卡人带来更多好处；三是国际化，未来我国支付清算走向国际化的市场"蛋糕"，将为各方带来前所未有的合作空间与发展机遇，我国的卡组织也能够在全球化竞争中壮大实力，真正成为国际金融基础设施舞台的主角之一。

总之，毋庸置疑的是，《办法》的出台将有利于推动支付清算市场改革和服务效率提升。例如，可以促使优秀的第三方支付企业更有效地参与到跨行清算市场建设中，使得"线上"与"线下"的监管矛盾在竞争中走向合理平衡，使得商业银行的卡服务更加符合客户需求，使得我国卡组织在竞争中得到壮大并走向全球，并且在技术和竞争双重驱动下，逐渐成为提供多种支付增值服务的开放型、综合型平台。

最后需要注意的是，《办法》的出台并不意味着相关改革已经完全到位，需要以银行卡清算市场为抓手，进一步推动相关制度与规则的完善。例如：可以此为契机推动整个支付清算市场的法制建设，如独立的支付清算体系"上位法"，或者"电子支付法"等；深入研究互联网信息技术对于交易、清算、结算环境带来的不同影响，结合新兴的跨行转接清算模式，不断完善现有的银行卡清算市场管理规则；围绕移动支付等带来的跨行业监管需要，努力构建央行主导的新型国家支付体系监管模式和协调机制。

（四）未来清算模式可能的演进方向设想

到目前为止，我们并没有看出显著的能够带来银行卡清算模式改变的迹象。"四方模式"中，清算业务已经被彻底分离出来了，其中银行卡清算业务已将自身定位于一个十分小众的市场，而由互联网带来的交易领域以及支付领域的分工虽然使得支付产业变得更加复杂，相关利益主体增加，然而本质上并没有对清算模式产生实质性改变。

单从理论上讲，如果未来技术或企业组织形式的进一步发展使得清算模式可能发生进一步改变的话，那么一定是在清算业务环节出现了进一步的分工趋势。由于目前清算业务已经完全集中于信息流（收集、处理和发送信息），因此进一步大胆设想，未来的分工将有可能发生在规则制定与实施的分离上。互联网推动的支付清算市场变革的力量主要体现在技术改进与支付创新速度的加快上。从需求角度来说，支付工具、支付渠道的不断创新将使得作为后台的清算组织所要衔接的前台业务越来越复杂，这会迫使清算组织需要根据不同的支付业务特征建立不同的业务规则与技术标准，否则清算市场便有可能被分割。事实上，国际上领先的卡组织VISA、万事达等便一直致力于标准的制定。从供给角度来说，技术改进带来计算能力持续提升，使得差异化的支付数据得以被有效地处理。然而这种计算能力提升的速度本身在不断地加快，对于银行卡清算组织来说，其核心竞争力在于有效地制定规则（包括信息处理的原则）以平衡支付的效率和安全。因此，未来互联网技术的快速发展将有可能使得纯粹的计算环节从清算组织中分离出去。

五、我国银行卡清算市场的发展方向与监管思路

（一）我国银行卡清算市场的发展方向

通过前文的多视角分析，我们已经看到，当前网络支付的发展速度已经超出人们的想象，无论是PC互联网支付还是移动互联网支付，都在经济生活中呈现腾飞式发展。网络线上支付对于现有支付清算市场格局产生深刻影响，尤其是在零售支付领域，传统卡支付环境下的各项规则，某种意义上已经逐渐不适应于网络支付时代的特点。对此，监管部门也应该加快和深化对互联网革命下支付市场变革的研究，在有效防范系统性风险的前提下，从国家战略层面，基于培育和壮大整个银行卡清算行业，更好地迎接金融国际化的挑战等目标，尽快针对网络支付的特点，不断完善现有规则，并且尝试制定新的政策思路。努力在两个方面推动市场效率的提高：线上与线下市场的平衡、线上市场的有效运行。应该说，信息技术的发展，使得银行卡清算组织的跨越式发展成为可能，随着全球网络支付

场景的进一步拓展，也使得我国在卡组织参与国际竞争的格局之外，推动基于互联网的新兴转接清算组织的发展与壮大，从而努力在国际上发挥更大影响，将来争取成为重要的全球性金融基础设施。

明确功能定位与市场分工是推动支付产业持续健康发展的基本前提和重要保证。由于交易、清算和结算是三个彼此相关但又相对独立的环节，通常需要由不同的机构来分别承担这三种职能。根据国际经验，小额、零售支付环节的发展必然走向市场化、自由化方向，应鼓励市场的充分竞争和大胆创新，以期提高支付效率，当然这需要在防范系统性风险的前提下。当前全球支付清算市场变革中的一个基本趋势是多元化，即不同类型的支付清算机构都参与到支付清算系统建设当中，其中有针对批发支付的，有针对零售支付的，有公共部门背景的，也有私人背景的。在此基础上，支付清算市场中的各类机构将逐渐形成功能的互补，面向不同客户需求构建起多层次的支付清算服务供给机制。

对中国的银行卡清算市场而言亦是如此。一方面，作为准官方化的银行卡清算组织，中国银联的成立极大地降低了支付清算的成本，为支付产业的发展提供了核心的金融基础设施，对中国的经济增长与金融发展起到了不可替代的推动作用，未来在维护国家安全、提升中国支付清算行业国家竞争力方面依然作用巨大。另一方面，清算市场的适度放开也符合历史发展趋势，这是因为如果市场竞争程度不够，则最终用户不能获得创新、集中或者利用规模经济和范围经济产生的利益。缺乏竞争的市场反过来会减少对进一步改善效率和安全的创新的激励。在 G20 各国中，除中国外，其他各国境内都有两家以上的卡组织，为消费者提供了多种类、多样式、多层次的银行卡选择。当然，银行卡市场本身是一个成本弱增性的行业，有着寡头垄断的内生特性，因此，即便开放也不会出现太多的卡组织。

在放开银行卡清算市场的基础上，未来银行卡清算体系的建设需要进一步发挥市场主体对于银行卡清算组织的约束机制，尊重市场主体的选择，鼓励支付清算技术创新，给予新型转接清算组织以合理创新空间，从而适应银行卡清算市场日益多元化的发展趋势。

1. 对于银行卡清算组织

对于银行卡清算组织而言，应主动迎接互联网革命对支付清算行业带来的巨大变革，深入研究基于互联网的金融服务需求特性。与此同时要完善卡组织内部治理机制，健全卡组织运行的制度基础，严格执行卡组织多方利益博弈规则，让利于卡组织成员，培育规范有序的收单市场。实际上，开放型发展已经成为传统卡组织的必然选择，正如银联总裁时文朝先生所言："作为这个生态的核心，我们对自身的定位和期许已经超越转接清算组织的技术意义、卡组织的自律规范意义、综合支付服务商的商业意义，我们秉持团结一切可以团结的力量的包容态度，充分理解并尽可能支持产业伙伴的利益诉求，通过存量整合与增量创造为参与主体实现自我价值，但同时也在纷纷扰扰的产业'乱象'中正本清源，用发展的理念和规范的手段，推动市场主体重新走进以银联为核心的健康生态圈中，在生态整体跃进提升的大局下赋予各主体'竞—合'关系新的含义。"

一方面，互联网时代本质上是一个需求的个性化时代，在其中支付产业发展由供给推动转向了需求拉动，因此对于清算组织来说，应主动迎接由互联网带来的支付需求的改变与市场竞争的加剧，将清算环节的业务扩张和利润增长建立在促进实体经济发展和满足多层次需求的基础之上。在平衡效率与安全的基础上，努力构建更加具有包容性的规则体系，以适应支付领域不断涌现的多样化、差异化的支付创新。同时应着重加强针对创新支付方式制定或参与制定规范的技术标准和安全标准并在世界范围内推广实施，在互联网带来的支付创新频现的时代，这或许是卡组织参与国际竞争的最重要方式之一。另一方面，从技术层面而言，应当主动接受互联网带来的新的技术和理念，充分利用互联网技术推动清算业务的创新发展，利用大数据和云计算技术在信息处理上的优势提高风险管理能力，进一步夯实其自身的竞争优势。

此外，在市场建设中，价格是最具决定性的变量之一。科学合理的价格体系是引导支付清算市场资源合理流动的重要基础。从国际经验来看，银行卡定价模式主要包括公司定价、行业协会定价、行政垄断定价。我国的定价机制过于偏重于政府行政性定价，这种方式不仅对于卡组织本身构成效率损失的可能，而且也难以让社会交易主体感到满意。因此，推动定价机制的适度市场化改革，形成基于市场供求关系、政府适度引导的定价机制，应是未来支付清算体系变革的重要组成部分。

2. 对于第三方支付机构

我们认为应促使第三方支付的交易与转接清算环节分离，推动已具备部分跨行转接清算功能的第三方支付机构与其他主要机构作为发起人，在高度重视清算环节的透明度、独立性和规范性等要求的基础上，用市场化手段发展其他第三方支付机构、银行、非银行机构等作为股东或会员，成立新的、适应网络支付清算特点的跨行转接清算组织，并纳入监管范围之内。一方面，由于这些支付机构扎根于电子商务和网络零售支付市场发展，并且已经具备较强的网络跨行转接清算的处理能力及优势，引导其通过正当途径进入清算市场，有助于在提升市场竞争程度的基础上提高整体清算市场的效率；另一方面，这也打破了第三方支付账户的信息"闭环"，便于监管者用清晰的监管规则对其实施有效监管，从而有效防范支付账户可能发生的潜在风险甚至系统性风险。

（二）适应银行卡清算市场变革的监管思路

1. 在风险与效率之间找到适当的平衡点

支付清算体系的监管者需要面对和权衡鼓励创新与防范风险这两个存在协调难题的政策目标。在2008年全球金融危机全面爆发之前，支付清算系统当中蕴含的系统性风险并未引起监管当局的充分重视，监管活动中充满真空地带。此次危机的爆发，使得宏观调控当局将宏观审慎政策放入工具箱，用以分散、化解系统性风险。经济政策学中的丁伯根原则表明，为达到一个经济目标，政府至少要运用一种有效的经济政策。从系统性风险角度看，要防止具有系统重要性的支付清算系统的风险，就应当对其运用新的政策工具，给予更为有效的监管。

基于防范风险的考量，美国监管当局对卡组织实施的是有限度的竞争与开放，把防控风险放在首位。近年来，为了提高清算环节的效率、鼓励市场竞争，欧盟对此提出了挑战，但其效果仍有待观察。尽管清算市场的基本发展趋势是走向更大程度的市场竞争和开放，但基于风险防控角度的考量，这一环节仍将长期处于有限开放、局部竞争和政府的适度管制状态之中。简而言之，当前全球支付清算系统的监管重点就是运用宏观审慎等新的政策工具，加强监管，化解支付清算体系中潜在的系统性风险。

我们认为，相较于发达经济体，我国监管当局对风险的控制不能以损失经济效率和消费者福利为代价。这是因为，我国人口稠密，信用体系不太健全，风险控制投入相对较多，风控技术也较为先进。在系统可承受的范围之内，应适当允许一定程度的风险存在，以获取鼓励企业向不同方向探索和创新，研发更有效的安全技术，进一步提升网络支付效率。

具体而言，监管当局应考虑顺应互联网革命下金融业发展的趋势，大胆鼓励各类参与主体在不同方向上的创新，探索迎接这些挑战的可行道路，同时发挥支付服务组织者、推动者和引导者作用，协调包括政府部门和相关市场参与者在内的有关各方，为支付服务创新、支付产品创新和支付市场创新提供有效保障。这样的监管优化方向将会给市场中的各类机构创造宽松有序的环境，为迎接金融业正在经历的大变革提供体制基础。

支付清算市场监管者需要特别关注的是对风险控制和风险补偿机制的进一步完善。强调安全，并非一点损失都不能发生，也不是一点风险事件都不能承受。关键是有能力去管理风险，特别是促使各类支付清算机构加强对客户资金风险、信息风险、信用风险的管理。

在明确以上基调的前提下，监管当局还应当看到，支付清算体系具有系统重要性，需要用宏观审慎监管政策框架补充原有的微观审慎监管框架，适时将新技术下形成的跨行转接清算组织正式纳入监管政策框架，而且框架当中须有明晰的监管主体和详细的监管措施，针对交易、清算和结算的各类监管主体应该建立制度化的协调机制，以实现有效的监管。为了在保障安全的前提下提高支付清算市场的运行效率，监管当局要密切关注市场数据，在防范短期风险的同时也需要做更为长远的谋划。

2. 行业监管与部门协调

我国的支付清算多层次监管机制尚未建立，未来需要借鉴欧美的经验，构建立体化的监管机制，并且进一步明确中央不同部门之间、中央和地方政府之间、部门监管与行业协会自律之间的责权划分。

我们认为，未来的监管体系应当是一套多层次的治理体系，以"企业内控、行业自律、政府监管、社会监督"为基本特征。企业和行业组织重在发挥信息、技术等方面的优势，防范微观层面的风险，政府应从宏观审慎角度加强对系统性风险的监测、预警和防范，社会力量则是监管体系中的重要补充力量。这样的多层次监管体系能够顺应全球支付清算市场变革的多元化趋势，发挥各类组织的比较优势，既便于政府从战略高度统筹管理支付清算行业，又能够通过加强市场参与主体的自律和社会力量的监督来降低监管成本，促使转接清算组织提供灵活的支付服务供给满足社会公众多样化的支付清算服务需求。

我们认为，当前应以央行为核心打造监管体系。这是因为支付清算体系和货币政策、金融稳定之间有着密不可分的关系，货币政策的实施依赖于安全高效的大额支付系统来分配货币市场的流动性；支付体系作为资金运行的工具和通道，关系社会资金的安全，对于维护金融稳定异常重要；支付体系是货币载体，支付清算环节发生的问题往往引发支付瓶颈，损害公众对货币的信心。

目前应按照交易、清算、结算的本义，确定由央行作为最重要的支付体系监管机构，并且成立由央行牵头、银监会与商务部门参加的支付清算体系监管委员会。部门协调的重要切入点，就是加强监管机构之间的合作，建立信息共享机制。多头监管必然导致信息不对称，各监管主体所获取的相关信息资源往往在本系统内占有，由于信息共享不充分，常常会出现资源重复调取以及监管效率降低。因此，监管部门之间在切实做好、做实监管沟通协调机制的同时，应建立各监管机构之间的信息共享机制，加强信息收集和信息交流，以正确评估行业风险，全面进行监管。对此，可以考虑开发一套信息交流平台，以确保信息资料的准确、及时和安全。

另外，行业协会监管在整个社会监管中占有重要的地位，行业协会监管在信收搜集等方面的比较优势早已被经济法学者论证，美国等发达国家的电子支付清算体系风险监管中，行业自律监管起着重要的作用，如环球银行间金融通信协会（SWIFT）系统在支付风险和系统风险防范中，就能够提供有效的安全措施和风险管理机制。因此，应当加强支付清算市场的行业监管，建立多层次的支付行业服务监管体系，推动现代支付产业健康发展。

中国支付清算协会应定位于服务会员、服务市场和消费者的行业自律组织。中国人民银行、中国支付清算协会应共同履行好各自的职责，构建良好的内外部监管体系。人民银行应在推出《银行卡清算机构管理办法》的基础上，科学制定市场规则，防范支付风险，合理引导跨行转接清算机构的发展方向。中国支付清算协会必须在中国人民银行监管制度框架内发挥应有的桥梁作用，组织制定自律公约和行业规范，化解矛盾和纠纷，维护跨行清算服务市场秩序，保护消费者的权益，促进公平竞争和合作互助。

3. 构建完备的政策与规则体系

目前中国对支付体系的监管依赖于《人民银行法》、《银监法》、《票据法》和央行颁布的相关办法，这些法律法规或者太注重原则，不具操作性，或者层级太低，约束力有限。目前迫切需要制定的法律法规有《电子支付法》、《支付服务组织管理条例》、《银行卡条例》，还须修订完善《人民银行法》、《银监法》、《票据法》等。修改与制定法律法规的原则是，以支付服务的功能特点为主线，涵盖支付工具、支付组织、支付系统的所有方面，实现规则一致性和全覆盖。

无论如何，原有跨行转接清算组织模式在客户需求个性化时代已面临根本性挑战，新的支付清算机构或许具有与原有机构截然不同的运营战略和管理机制，这使得监管部门应该重新考虑原有的法律框架对于这些新机构是否仍然适用。因此，在未来的法律框架修订中，应充分考虑支付清算行业发展的新特点，将新型转接清算活动的规范发展和风险控制置于重要位置，在网络安全、信息安全、系统安全、隐私安全等方面加强立法，为转接清算市场的持续健康发展提供制度保障。

在加强消费者保护方面，应该研究建立支付清算体系消费者权益保护制度，强化信息披露和风险揭示，维护公平有序的支付清算环境。同时，还要重视完善跨行转接清算组织的公司治理，明确所有者、董事会、管理层，以及系统的参与机构、监管机构、其他利益相关者的治理安排，夯实支付结算监管的微观基础，实现各方利益与公共政策目标趋于一致。

参考文献

［1］Akers, D. , G. Jay, L. Brian, S. Martha, "Overview of Recent Developments in the Credit Card Industry", *FDIC Banking Review*, 2005, 17 (3): 23 – 35.

［2］Andrianaivo, M. , K. Kpodar, "ICT, Financial Inclusion, and Growth Evidence from African Countries", IMF Working Papers, 2011.

［3］Armstrong M. , "Competition in two – sided markets", *Rand Journal of Economics*, 2006, 37 (3): 668 – 691.

［4］Borestam A. , H. Schmiedel, "Interchange fees in card payments", ECB Occasional paper, 2011 (131) .

［5］Capgemini, RBS, "World Payments Report 2014", Federal Reserve Bank of Dallas Financial Industry Issues, 2014.

［6］Chakravorti S. , "How do we pay", Federal Reserve Bank of Dallas Financial Industry Issues, 1997.

［7］Chakravorti S. , A. Shah, "Underlying incentives in credit card networks ", *Antitrust Bull*, 2003, 48: 53 – 57.

［8］Cumming, C. M. , "Enhancing payment system speed, efficiency and security", 2013.

［9］Doms, M. E. , W. E. Dunn, S. D. Oliner, D. E. Sichel, "How Fast Do Personal Computers Depreciate? Concepts and New Estimates", NBER Working Papers, 2004.

［10］Ernst, Young, "Survey of retail payment systems", Chain Store Age, 1996.

［11］Humphrey, D. B., L. B. Pulley, J. M. Vesala, "The Check's in the Mail: Why the U. S. Lags in the Adoption of Cost – Saving Electronic Payments", *Journal of Financial Services Research*, 2000, 17: 17 – 39.

［12］Jorgenson, D. W., K. J. Stiroh, R. J. Gordon, "Raising the Speed Limit: US Economic Growth in the Information Age", *Brookings Papers on Economic Activity*, 2000, 31（1）: 125 – 236.

［13］Jorgenson, D. W., "Information Technology and the US Economy", *American Economic Review*, 2001, 91（1）: 1 – 32.

［14］Katz M. L., C. Shapiro, "Network externalities, competition, and compatibility", *The American Economic Review*, 1985, 75: 424 – 440.

［15］Rochet J. C., J. Tirole, "Cooperation among competitors: some economics of payment card associations", *Rand Journal of Economics*, 2002, 33（4）: 549 – 570.

［16］Sassi, S., M. Goaied, "Financial Development, ICT Diffusion and Economic Growth: Lessons from MENA Region", *Telecommunications Policy*, 2013 （37）: 252 – 261.

［17］曹红辉、李汉：《中国第三方支付行业发展蓝皮书（2011）》，中国金融出版社 2012 年版。

［18］金麟：《互联网改变金融》，东方证券行业研究报告，2014 年 8 月 19 日。

［19］李鑫：《互联网支付的跨行转接清算模式及其前景》，《海南金融》2014 年第 6 期。

［20］李鑫：《金融共生发展中的异化问题研究》，中国社会科学院研究生院 2015 年博士学位论文。

［21］马梅、朱晓明、周金黄、季家友、陈宇：《支付革命：互联网时代的第三方支付》，中信出版社 2014 年版。

［22］迈尔—舍恩伯格、库克耶：《大数据时代：生活、工作与思维的大变革》，浙江人民出版社 2012 年版。

［23］仇京荣：《美国的银行清算系统》，《当代金融家》2015 年第 6、7 期。

［24］十国集团中央银行支付结算体系委员会：《支付体系比较研究》，中国金融出版社 2005 年版。

［25］十国集团中央银行支付结算体系委员会：《发达经济体支付结算体系》，中国金融出版社 2005 年版。

［26］王诚：《促进就业为取向的宏观调控政策体系研究》，中国社会科学出版社 2012 年版。

［27］王国刚：《从互联网金融看我国金融体系改革新趋势》，《红旗文稿》2014 年第 8 期。

［28］王文祥：《境内人民币银行卡清算组织的发展及其产业政策研究》，江西财经大学 2012 年博士学位论文。

［29］夏军、高鹏飞：《银行卡清算市场国际经验》，《中国金融》2015 年第 12 期。

［30］谢平、邹传伟、刘海二：《互联网金融模式研究》，中国金融四十人论坛课题报告，2012 年 8 月。

［31］亚当·斯密：《国富论（上）》，上海三联书店 2009 年版。

［32］杨涛：《中国支付清算发展报告（2014）》，社会科学文献出版社 2014 年版。

［33］杨涛：《中国支付清算发展报告（2015）》，社会科学文献出版社 2015 年版。

［34］杨涛：《互联网金融理论与实践》，经济管理出版社 2015 年版。

［35］杨涛：《形成多层次高效率低风险的清算服务体系》，《中国证券报》，2015 年 4 月 27 日。

［36］支付清算研究中心课题组：《新技术革命下的跨行转接清算组织创新及监管研究》，中国 ［37］社科院金融所研究报告，2014 年。

［37］中国社会科学院金融研究所支付清算研究中心：《第三方支付：理论、实务与政策辨析》，《支付清算评论》2014 年第 2 期。

第三章 关于银行卡产业中平台型经济及定价机制的研究

一、平台经济的理论及文献

（一）平台的概念和分类

在现实生活中，越来越多的平台企业通过一些策略性行为向产品或者服务的买卖双方提供产品或服务，促使双方在该平台上达成交易。近十余年来，双边市场与平台经济理论成为国外产业组织理论中进展最为迅速的研究领域之一。Armstrong（2006）、Rochet 和 Tirole（2002，2003，2006）以及 Caillaud 和 Jullien（2003）等文献对该领域的研究起到了奠基性作用。

"平台"概念刻画的是一种现实或虚拟空间，该空间可以导致或促成双方或多方客户之间的交易；换言之，平台是以某种类型的网络外部性为特征的经济组织。与传统经济相比，平台经济具有双边性、多归属性、外部性、服务性、竞争垄断结合等特点。平台产业交易量受到非对称性价格结构的影响，双边用户的间接网络外部性和多归属行为以及平台的定价策略都能实现平台产业利润和社会效益的最大化。平台经济理论就是研究平台之间的竞争与垄断情况，强调市场结构的作用，主要关注连接两边具有间接网络外部性用户群体的平台企业的经济行为。该理论通过交易成本和合约理论，分析不同类型平台的发展模式与竞争机制，同时提出相应的政策建议。

在平台经济理论中，"双边市场"与"平台"是一对密不可分的概念。与传统经济中市场被简单分为买卖双方的单边市场不同，平台经济是以双边市场为载体，双边市场以"平台"为核心，通过实现两种或多种类型顾客之间的博弈获取利润。Rochet 和 Tirole（2006）指出，所谓双边市场，是与"价格结构非中性"概念联系在一起的。如果平台可以通过提高向一边市场的收费、同等程度地降低向另一边市场的收费，以达到改变交易量的目的，那么平台所面对的就是双边市场，也就是说，在双边市场中，价格结构影响交易量，而作为双边市场中的平台企业则应设计合理的价格结构以吸引两边的参与者，提升其竞争力。以 Armstrong（2006）为代表的另一种定义认为，双边市场的核心特征是具有间接网络外部性，在双边市场中，两组参与者需要通过中间平台进行交易，并且一边用户使用平台进行交易所获得的收益或效用会随着另一边用户数量的增加而增大。第三种代表性定义来自 Rysman（2007），该文指出双边市场必须符合两个条件：第一，市场的两边在同一个平台上进行交易；第二，一边的决策会对另一边的决策结果产生影响，特别是通过外部性起作用。比较上述三个典型定义，可以看出 Rochet 和 Tirole 主要强调的是价格结构给双边市场带来的显著影响，而 Armstrong 则更直接地指出了这种影响背后的根源，即间接网络外部性，至于 Rysman 的定义则是强调双边市场这种特殊的市场结构能够带来双边参与者决策的相互影响。实际上，上述三种定义虽然侧重点不同，但均表达了相似的双边市场的内涵。

为了研究的需要，不同的学者从不同的角度对平台经济或双边市场的类型进行了划分，主要有如下几种分类方法：

Rochet 和 Tirole（2006）根据参与者的数量将双边市场分为简单双边市场和复杂双边市场。简单双边市场，如报纸、无线电视、广播等，它们往往只由三类参与者组成，即销售商、消费者和平台；而复杂双边市场，如银行卡系统、电信、互联网等，则由更多的参与者组成。

Armstrong（2006）根据平台的竞争情况将其分为三类：垄断者平台，即市场上只有一个平台可供选择；竞争性平台，即有多个平台可供选择，但每一个参与者只能选择其中一个平台；竞争性瓶颈，即参与者希望加入所有的平台，形成所谓"多归属"的情况。

Roson（2005）从平台所有权的角度进行了分类，分为独立拥有平台和垂直一体化平台两大类。独立拥有平台又称作垂直分解的平台，它是指平台的所有权只由中间层组织这样的参与者拥有，它又可细分为三种情况，即开放平台所有权、封闭平台所有权和垄断平台所有权。垂直一体化平台是指，不再只是由中间层拥有平台，销售商或消费者也拥有自己的平台摊位，它也可进一步细分为开放平台所有权和封闭平台所有权。

不过最常见的分类还是基于平台或双边市场的功能进行分类。一种分类方法来自 Evans（2003），他将双边市场分为市场制造者（market - makers）、观众制造者（audience - makers）和需求协调者（demand coordinators）三类。市场制造者平台为交易双方提供交易便利，双方借助平台提高搜寻交易机会的效率，增加成功的概率。观众制造者平台必须能多吸引观众、听众、读者或网民等交易的一方，才能吸引另一方（如企业）到平台上发布广告和产品信息。需求协调者平台是指平台能在两组或多组用户间产生（正的）间接网络效应，使使用户在平台上实现各自的需求。

Hagiu（2004）从平台功能角度进行的分类与 Evans 的分类比较近似，不过他认为平台可分为四大类，并且 Hagiu 的划分也更贴近于现实。Hagiu 认为第一类平台是交易中介，这是双边市场中最基本的类型，各类电子商务平台、房地产经纪人、出版社和各种会所等都可以归入这一类。这类双边市场的特点是，它是由"买家"和"卖家"两种类型的顾客组成，其中平台就是起到双边之间匹配者的作用，简言之，就是撮合双方的"交易"，这实际上对应于 Evans 的第一类。第二类平台针对的是听众制造市场，其中平台发挥市场制造者的作用，即把成组的购买者与成组的销售商匹配起来，这对应于现实中的媒体，常见的例子有报纸、杂志、电视等传统媒体和门户网站、博客等新传媒。这类平台的特点是通过提供"内容"（新闻、评论、节目等）来吸引"眼球"（读者、观众），进而通过读者、观众来吸引广告客户。这同样对应于Evans的第二类。第三类平台针对的是共享的投入市场，其中最典型的平台企业便是软件平台，如操作系统、服务器、PDAs和视频游戏等。在这种类型的双边市场中，用户只对应用软件制造商或开发商提供的产品集合中的一个子集感兴趣，但是如果用户不首先获得"瓶颈"投入（操作系统或者控制台）则不能使用它们；另外，应用软件制造商在技术上也依赖于操作系统制造商。实际上如果抽象掉具体的实例而单从理论上讲，共享的投入市场与听众制造市场具有很强的相似性，因为二者均需要制造市场，只不过软件平台的特殊性在于其需要制造真实的基础性产品（操作系统或控制台等）并以此盈利，而媒体则通过广告等形式变相盈利。需要指出的是，软件平台一般会涉及"多边"市场，以操作系统为例，就有硬件、应用软件、用户三边。因为"双边"的本质在"多边"的情况下不会发生改变，所以习惯上还是以双边命名。第四类平台针对的是基于交易的市场，其中最有代表性的平台便是提供支付工具的卡组织。支付工具主要指银行卡，包括借记卡和信用卡。在这种类型的双边市场中，要使支付工具得到充分利用，不仅消费者（持卡人）愿意使用，同时商户也必须同意接受刷卡消费，持卡人和商户之间存在着间接的外部性。消费者愿意持卡消费，不仅是因为发卡行会提供种种优惠，如免年费、积分等，还因为信用卡消费可以提供短期的无息贷款，也可以提供长期的信用贷款。商户接受刷卡消费，主要是因为间接外部性，消费者愿意持卡消费，提供这种服务可以提高销售量。在这里，平台往往面临一个两阶段问题：在第一阶段它们需要把两边用户拉到一起；在第二阶段它们需要鼓励两边用户交互作用，即产生尽可能多的交易。这对应于Evans的第三类。表3－1对四类双边市场（或平台）进行了汇总。

关于平台经济的研究，目前仍以理论模型分析居多，主要致力于分析双边市场中的平台企业如何以"平台"为核心，通过实现两种或多种类型顾客之间的

表 3 - 1　双边市场主要例子

产业	典型平台企业	买方	卖方	代表文献
交易中介	电商平台	购物者	特约商户	Rochet 和 Tirole（2003）
媒体	电视、报刊	读者、观众	广告商	Caillaud 和 Jullien（2003）
支付工具	卡组织	消费者	特约商户	Armstrong 和 Wright（2004）
软件平台	操作系统	消费者	软件开发商	Armstrong（2006）

接触来获取利润。理论界大多运用数理或博弈模型来研究双边市场的平台竞争或者特定产业的定价与竞争策略及福利的变化，并且也正在探索从动态演化的视角，通过实证的方法，对平台产业的竞争策略、定价原则、产权结构、组织形式、管理模式、市场结构以及交互影响效应等领域进行更为深入的研究。虽然总体而言对于平台经济的研究仍缺乏一条明确的主线，文献显得比较凌乱，但是，在双边市场结构、定价、平台竞争、排他与兼并、互联互通、多归属、促销等市场行为与企业竞争策略方面，平台经济理论已经取得了突破性进展，对实践具有一定程度的指导性。

（二）平台的主要特征

1. 网络外部性

平台经济之所以拥有巨大魅力，是因为它具有"网络外部性"的特殊性质。网络的最一般意义是指通过一系列链路（links）直接或间接地连接起来的一组节点。网络的结构特征表现在网络组件的互补性，正是网络结构的互补性引发了网络外部性。所谓平台的网络外部性是指，一边终端用户的规模会显著影响另一边终端用户使用该平台的效用或价值。例如，银行卡持卡的消费者越多，POS 机对于商户的价值就越大；而安装 POS 机的商户越多，银行卡对于消费者的价值也越大。这种消费行为之间的相互影响就是通常所说的消费"正外部性"。

事实上，网络外部性并非是针对平台经济而提出的新概念，它本身已被广泛运用于诸多现代经济学领域。Rohlfs（1974）开创了对网络外部性的研究。他发现用户选择电话运营商时，倾向于用户数量多的网络，因为通话对象越多，用户从中获得的效用就越大。这种效应被他称为"网络外部性"，并成为此后研究网络平台企业发起运营的理论基础。首次明确提出网络外部性概念的则是 Katz 和 Shapiro（1985）。他们将（正的）网络外部性定义为，随着使用同一产品的用户数量的增加，每个用户从消费此产品中所获得的效用增加。从用词上看，"网络外部性"应属于造成市场失灵的"外部性"中的一种，这意味着若网络外部性广泛存在且确实造成了市场失灵，那么关于有效市场的许多结论便不再成立。然而在现实中，许多网络效应仅是货币性的，而有些则是技术进步的结果，它们并不必然导致市场失灵。因此许多学者（例如，闻中和陈剑，2000；朱彤，2001；等等）便认为，目前的网络外部性概念包含了很多本质上不属于外部性的现象，如当网络效应可通过产权安排和交易内部化时，就不会造成实质的外部性后果，因此不能称为外部性。实际上，这一点对于理解平台经济来说十分重要，双边市场中平台企业就是通过弱化信息不对称、节约交易成本和内部化网络外部性，将双边用户聚集到平台，达到协调两组当事人需求的目的。若平台能够成功地内部化新客户对老客户的外部性，那么外部性便不复存在，此时或许用"网络效应"替代"网络外部性"更加合理。当然目前关于双边市场的多数研究在建模时仍然沿用"网络外部性"的概念，但大家所强调的往往是这种外部性可通过平台来内部化，这恰是平台企业存在的一个重要原因。

Evans（2003）、Rochet 和 Tirole（2004）等文献对网络外部性进行了更为细致的区分，分为"使用外部性"（Usage Externality）和"成员外部性"（Membership Externality），通常也被称为"直接网络外部性"和"间接网络外部性"。平台的直接网络外部性一般是指平台的价值与使用该平台的消费者的交易相关，尤其是与用户对该产品的使用数量相关。直接网络外部性是从产品的使用中产生，如共享软件、传真机、电邮服务和电信服务等的价值几乎只与产品用户数量以及产品使用频度相关，因为它们主要是用于用户之间的通信。平台的间接网络外部性是指平台的一类用户的数量影响该平台对于另一类用户的价值。例如，在网络购物平台里，网络的外部性在很大程度上影响着市场的吸引力。卖方的数量越多，买方就越会有更多的购买选择，因此越会吸引更多的买方；反之，买方的踊跃增加同样也会吸引更多卖方的参与。这是最为典型的双边市场中的正外部性。一般而言，关注间接网络外部性的主要原因在于最终用户的成本具有交易敏感性，这使得对于双边市场的分析具有某些独特性。虽然我们需要注意到这里所说的成本在现实中既包括平台收取的固定费用，也包括客户方的技术性固定成本，但是正如 Evans（2003）所指出的，具有交易敏感性的成本总和才对最终用户有意义，因此，我们在分析时并不需要刻意去区分固定费用与技术性费用。

上面所提及的网络外部性总体而言均属于正外部性，但正如 Belleflamme 和 Toulemond（2004）注意到的，平台产业或双边市场的网络外部性可能会有正负之分，异边用户间往往产生正的外部性，而同边用户则可能会产生负的外部性。

2. 多归属行为

现实中存在着的双边或多边平台市场结构主要包括如下三种：第一种是相似性平台（Coincident Platforms），这是指几个功能相似的双边平台为市场同一方提供同质的市场，这包括电子游戏、操作系统、银行卡、电信以及网络门户网站等，这些平台之间显然存在竞争关系。第二种是交叉性平台（Intersecting Platforms），这是指平台为多个市场提供可相互替代的产品或服务，而平台之间也存在服务与被服务关系，这些交叉性平台之间存在着竞合关系，一个典型的例子就是众多中小型网站或专业性网站经常在网页上互相提供超链接。第三种是垄断性平台（Monopoly Platforms），这是指在双边市场的任意一边都不存在竞争对手的平台。除了垄断性平台外，在其他两种市场结构中，都会存在很多功能可以替代或者互相之间并不关联的平台，如果平台没有实施排他性交易行为，则消费者就可以通过选择接入到多个平台，同时购买多个竞争性平台的产品或服务，以获取最大的网络效用，这便是多归属行为。多归属行为是平台经济的一个突出特征，在传统单边市场中，消费者通常在竞争性厂商的产品中选择购买一个使用，而与之不同的是，当加入平台的固定费用很低或为零时，多归属行为在双边市场中很容易出现。Evans（2003）指出，这种多归属行为对市场上至少一方而言是必需的，如此才能在平台之间不兼容或不能互通时进行交易；同时他认为多归属的原因或影响因素包括三个：多样化的需求、垂直差异化的存在以及平台间的兼容性。多归属行为是在平台业务开展过程中比较常见的现象，它会对平台的价格水平和定价结构产生重要影响。

(三) 平台定价

1. 价格结构与定价影响因素

定价是双边市场的核心问题。平台对定价策略的选择直接决定了两边用户的参与规模和平台的利润，进而影响整体的产业剩余和产业运行效率，因此在双边市场的理论研究中，关于定价的文献比较丰富。目前的研究集中于平台的价格工具、价格结构、平台定价的影响因素等问题上。

平台的价格工具主要有两种形式：注册费和交易费。注册费是指平台定期对用户收取固定费用，如用户向操作系统提供商支付的费用，这对用户来说是固定成本。交易费是指平台按照双边交易量或者次数收费，如淘宝网对商户的收费。通常注册费只影响注册（或接入）到平台的双边用户的规模，而交易费则影响双边用户之间交易的总量。平台一般会按照对成员外部性收取注册费而对使用外部性收取交易费的原则确定收费模式，例如，银行卡组织通常向消费者收取注册费即年费，而向商户收取交易费即商户扣率。此外，平台也可以对用户既收取注册费，也收取交易费，即采用两部制收费，用户先交纳注册费以获取交易资格，再按交易量或交易次数付费，例如，京东商城除了按年收取商家的平台使用费，还依类目收取交易费。

虽然各平台企业的双边价格策略性行为不尽相同，但研究发现在大部分的双边市场中，平台的定价结构似乎都严重倾向于市场的某一方，即在价格结构方面通常表现为对某边用户采取倾斜定价（skewed pricing）的方式，这一方的边际效用远低于市场的另一方。如 Evans（2003）所发现的，平台企业往往需要制定和维持一个最优收费结构或价格结构来平衡双边客户的利益。平台通常会把一边用户作为利润的主要来源，而把另一边用户作为补贴的对象。被补贴用户的数量对网络平台吸引另一边用户将产生重大的影响，没有被补贴用户的存在，平台利润源的用户将不会参与进来；相反，若平台能够吸引到大量的被补贴用户，则利润源用户将愿意付出更多。同时由于间接网络外部性效应，被补贴用户也会因为更多的利润源用户的存在而更多地参与到平台中来。双边用户定价的问题是困扰平台型产业经营管理者的最重要的问题，决策者们必须决定应向哪边用户收费、向哪边用户补贴。这取决于诸多因素。

与单边市场相似，需求弹性是分析双边市场平台定价时考虑的最基本因素。Rochet 和 Tirole（2003）最早对双边市场平台的定价策略进行了研究。他们发现，在垄断平台下，总价格（即对两边用户所征收的价格之和）符合勒纳指数，但如何在买方和卖方之间分配则与两边用户的需求弹性相关。Rochet 和 Tirole 进一步将用户分为大宗用户（marquee users）和套牢用户（captive users）两种类型。大宗用户是指该用户（如买者）的存在和数量规模将对另一边用户（如卖者）产生较强的间接网络效应，因此平台通常会降低该用户的价格，而提高另一边用户的价格。套牢用户指的是对平台始终保持忠诚度的用户，这类用户也通常与平台签订排他性协议保证自己不再接入其他平台，平台也将会对套牢用户实施较低的价格。

用户间的间接网络外部性强度也是平台定价过程中需要考虑的主要因素之一，这也会使双边市场的均衡价格通常与边际成本之间存在差异。平台的一边用户给另一边用户带来的间接网络效应往往是不一样的，如果一边用户给另一边用户带来了更大的间接网络效应，则可称其带来的间接网络外部性强度更强。例如，在媒体平台中消费者给广告商带来的间接网络效应，要比广告商给消费者带来的更大，此时便可以说消费者是间接网络外部性强度更强的用户。考虑间接网络外部性强度时的定价焦点便是如何将这种外部性内部化，从而为交易平台的双边吸引尽可能多的用户。Armstrong（2006）较早引入了间接网络外部性这个双边市场中的重要因素，并建立了两步定价模型。通过模型分析，他证明了平台企业的双边不对称定价机制可能源自不对称的间接网络外部性强度，当平台一边的间接网络外部性较强并且其中该边所吸引的用户数量较多时，平台可能会在该边出现低于边际成本定价的情况，甚至可能出现零价格或负价格。

单归属和多归属的区别也会影响平台的定价策略。Armstrong（2006）认为在平台两边都是单归属时，平台竞争的焦点会放在竞争激烈的一边上，并且这种竞争会导致平台的另一边收取较高的价格；而在一边单归属而另一边多归属的模型中，平台竞争的着重点则放在了单归属的一边，多归属一边会被当作攫取利润的重点，此时平台会对多归属一边实行垄断定价，而对单归属的一边制定一个近似于边际成本的价格。

2. 发展期的定价与投资策略

如何更好地吸引双边用户到平台上来是平台企业发展中面临的重要问题。平台的一个重要特征是，无论平台如何收费或定价，只要一方没有了需求，则另一方的需求也会消失，因此平台投资经营方必须设法召集双边客户。特别是对于刚刚进入双边市场的平台企业，则更加需要想方设法把两边的客户"拉"到平台上。Evans（2003）认为，为了做到这一点，平台企业可以采用某些独特的定价策略和投资策略，这些策略有时也被称为"分而治之"的用户培育策略（程贵孙，2010）。

从定价策略上看，要解决"先有鸡还是先有蛋"的难题，一种重要的定价方式就是首先对某一边潜在的目标用户实行免费，甚至提供某种形式的补贴，以获取市场这一边的大量客户，提高这些受益者参与平台的积极性。当这一边形成一定量的用户网络规模，从而使该边用户能够对另一边用户产生足够的吸引力时，另一边用户为了获得交易剩余也就会接入到平台上，并且愿意付费购买平台的服务。这种通过免费或贴补的方式来达到市场培育目的的策略，在许多平台企业的创立初期阶段都被普遍采用。如大莱卡在其创立初期阶段对消费者是免收年费的，直到其拥有一定的消费者持卡消费规模后，大莱卡才逐步对消费者收取年费；网景（Netscape）公司也是通过将它的网络浏览器免费给消费者使用，从而获得了相当大的用户安装基础（users base），这使它获得了能够与微软浏览器相抗衡的实力。

从投资策略上看，平台企业在其处于发展期时可以对某一边用户进行投资，从而降低其进入成本。由于双边市场中某一边用户接入平台的技术成本可能会太高，如果其没有得到平台的技术支持，那么该边用户就很难接入平台，此时通过对该边用户进行初期投资，便可以有效地创造市场。一个成功的案例就是微软公司的软件平台。微软公司为了使应用程序开发商能够接入并使用其操作系统，给予了对方相当大的技术支持。微软通过投资开发了一系列软件开发工具并免费提供给应用程序开发商使用，使之很容易使用微软的操作系统来编写应用程序，极大地降低了软件开发商用户的技术障碍和接入成本，以便其接入平台，这为其发展壮大创造了必要的条件（Evans，2003）。事实上，这种投资策略具有一定的普遍适用性，而并不仅仅适用于微软这种技术含量高的软件平台企业。

此外，对于初创或处于发展上升期的平台企业来说，特别是对于创新型平台产业来说，对于双边市场的前景以及网络规模效应的估计不可能十分准确，在此情况下，这种"分而治之"的用户培育策略便存在较大风险。因此成功的平台企业往往采取循序渐进的市场进入策略，在投资规模扩大之前，通常都要花费大量时间测试和调整。这些企业往往先在小型市场中试运行，反复试验以便找到值得投资的适当技术与商业模式，经过时间的积淀后再逐渐扩大规模（Evans，2003）。

（四）平台竞争

1. 平台竞争的类型

徐晋（2007）将平台竞争分为以下四种类型：

第一类平台竞争是规模相当的平台竞争。如图 3－1 所示，两个或多个规模相当的平台争取市场交易的参与各方，期望更多的交易在自己平台上实现以获得收益。例如，大型超市沃尔玛、家乐福等之间的竞争，就可以归结为第一类平台竞争。

第二类平台竞争是规模不等的平台之间的竞争。如图 3－2 所示，不同规模的平台各自发挥自身的优势吸引双边客户。例如，Windows 操作系统与 Linux 操作系统的市场规模与应用范围一大一小，其中 Windows 功能强大，应用软件繁多，但其并不开放源代码，而 Linux 固然功能稍弱，应用软件相对较少，但代码开放安全性强，两者各有优缺点，吸引不同的双边客户。

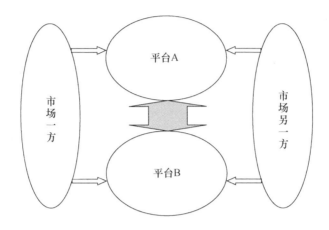

图 3 - 1　第一类平台竞争：规模相当

资料来源：引自徐晋（2007）。

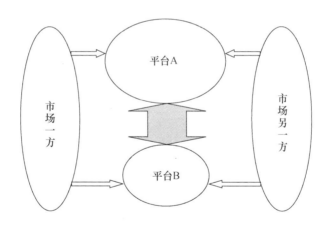

图 3 - 2　第二类平台竞争：规模不等

资料来源：引自徐晋（2007）。

　　第三类平台竞争是存在内耗的平台之间的竞争。如图 3 - 3 所示，竞争平台的至少某一方内部存在小平台竞争。最典型的例子是中国移动与中国联通之间的竞争关系。移动只有 GSM 网，而联通不仅采用 GSM 网，还采用 CDMA 网。联通一方面在广告中宣称 CDMA 辐射小，期望以此与移动的 GSM 争夺客户；另一方面又不得不与自己的 GSM 部门唱反调，也就是说，在联通内部还存在小平台竞争，这是大平台竞争中发生内耗的典型。

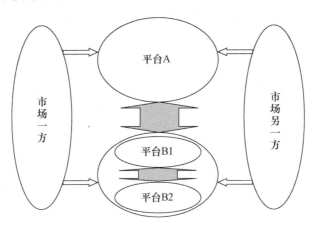

图 3 - 3　第三类平台竞争：存在内耗

资料来源：引自徐晋（2007）。

第四类平台竞争是小平台在形式上联合成大平台共同与其他大平台竞争。如图 3 - 4 所示，联合的小平台之间采用相应的策略以避免产生内耗，从而积聚力量与大平台竞争。例如各个 24 小时连锁便利店的地域分布往往在规划时便已考虑到要避免发生内部竞争，这样其能够更好地形成集聚效应，从而与大型超市争夺客源与供货商。

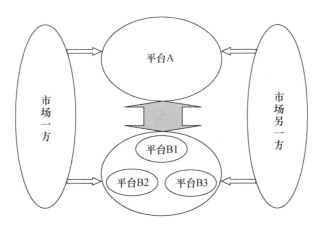

图 3 - 4　第四类平台竞争：平台联合

资料来源：引自徐晋（2007）。

2. 平台竞争中的多归属行为

与传统产业一样，平台产业也存在着广泛的竞争，同一平台的参与主体之间存在内部竞争，两个或两个以上的平台之间存在外部竞争。本部分所谈论的平台竞争主要指的是平台之间的竞争，例如不同的支付系统之间的竞争、各种纸质传媒与电子传媒的竞争、各种中介服务之间的竞争、城市综合体之间的竞争等。平台竞争可以是"自然"形成的，也可以是平台市场一方积极行为的结果。在传统市场中，商家常常通过高性价比来吸引顾客，而在双边市场的情况中，平台可以在市场的两边同时竞争，这使得平台间的竞争往往出现更加复杂多样的局面。

目前文献中研究平台竞争的模型主要基于两类假设：一类是假定市场参与者的类型是不同的，是否参与平台竞争是他们在追求利润最大化目标过程中的一个决策。另一类则是假设市场参与者类型相同，此时一般还会假设参与者的数量是既定的，在这种假设下，此类文献着重关注的问题便是多归属行为。

Caillaud 和 Jullien（2003）最先研究了双边市场的单归属与多归属问题。他们假定双边用户均是同质的，平台企业可以向双边用户选择收取注册费与交易费，当可以选择多归属时，平台竞争会使得一个边的所有用户采取相同的归属策略，即所有的一边用户都选择在一个竞争平台上单归属或者所有的一边用户都选择多归属。

Armstrong 和 Wright（2004）在线性霍特林模型的假定下研究了平台企业竞争时的单归属与多归属问题。他们认为与单边市场中的情形相同，平台企业往往会进行差异化经营，而当平台仅在一边存在差异时，这一边便会形成单归属。他们还根据两边用户的间接网络外部性强度的不同对两边的用户进行了区分，并指出对网络外部性评价较高的用户将会选择多平台介入。

Gabszewicz 和 Wauthy（2004）研究了两个平台竞争且市场两边都是异质的情况下，竞争平台对于排他性契约的选择。他们发现当双边用户均只能选择单归属时，存在三种可能的均衡解：第一种可能是一个平台独占整个市场；第二种可能是两个平台之间进行伯川德竞争，最终利润均为零；第三种可能是形成一个不对称的均衡，即一个平台的参与者数量要高于另一个平台，从而前者的定价、利润均较高，在参与者看来前者是"质量"较好的平台。而当双边用户均可以选择是否多归属时，他们分析得出了一个非常有意思的结论，即此时的均衡是参与者仅在一边多归属，两个平台在这一边均实行垄断定价，而在另一边则免费向参与者提供服务。

考虑到现实经济中消费者行为的多样性，纯粹的用户单归属和多归属在现实经济中是比较少见的，因此在双边市场的用户群中，对于同一边的用户群而言，往往也并非所有的用户都选择同一种归属行为，有的用户会选择单归属，而有的用户则选择多归属。Poolsombat 和 Vernasca（2006）最早提出了部分多归属（partial - multihoming）的概念并进行相关研究。他们考察了部分多归属行为对平台竞争的影响，得出了部分多归属行为均衡存在的条件，并且同样得出了多归属行为的用户将比单归属的用户支付较高价格的结论。

纪汉霖和张永庆（2009）在综合了上述研究成果的基础上，从用户多归属的成本以及用户结构出发，将双边市场的市场结构分为"竞争性瓶颈"、纯粹多归属以及部分多归属等类型。他们认为在平台双边用户可以自主选择其自身归属行为的情况下，由于其自身偏好、平台企业的固定成本以及平台差异化等多方面的原因，一般来说，双边市场中多会呈现出"卖方多归属，买方单归属"的情况。

3. "赢者通吃"与差异化策略

平台型产业网络性自我强化的特性将使得消费者容易被锁定在该网络平台上，从而使得产业市场表现出"赢者通吃"（winner - take - all）的特征，即市场有可能只由一个平台来经营。在双边市场中很多平台型产业都具有网络产业的特性，因此，平台决策者就必须考虑他所经营的平台是应该占领整个产业市场，还是和竞争平台共同享有市场份额。

依照标准的经济学分析，由于这种"赢者通吃"性质的存在，在竞争情况下，平台之间会出现伯川德价格战。价格战的结果是即便最终胜出的平台实现了"赢者通吃"，其利润依然在竞争过程中被大量地损耗。不过由于双边市场的特殊性质，这种价格战的形式会与单边市场有所不同，依然会存在市场一边补贴另一边的现象。但如果考虑到提供服务的差异化，或者仅仅是客户认为双边市场中不同平台提供的是不同服务，则情况就有所不同。服务差异化是平台获取竞争优势的重要手段，也是平台企业实现利润和保持稳定性的重要手段（Gabszewicz and Wauthy，2004）。Armstrong 和 Wright（2004）研究了平台差异化对平台定价策略的影响，发现平台对两边用户所提供的产品和服务差异化越大，平台的定价就可以越高；如果差异化很小，则平台企业之间对该边用户的竞争就会加剧，这会带来价格的下降，直至达到盈亏平衡点。Hagiu（2004）在研究中发现采取横向差异化策略的平台企业，如果一边客户（消费者）对另一侧产品的种类比较敏感，则平台企业将从这一侧用户中获取主要利润，这可以理解为消费者为自身的偏好付出的成本。

4. 平台融合与多产品策略

自 20 世纪 90 年代以来，随着多媒体和互联网技术的发展，越来越多的平台型产业在信息化进程中出现了"平台融合"的现象，即一个平台包含了另一个平台。平台融合突破了产业分立的限制，使行业界限划分不再明确，行业和市场之间的边界也变得模糊甚至消失了，这改变了原有的产业竞争格局。平台融合不仅使原先不具有替代性的产品可能转变为具有替代性的产品，或者原先替代性不强产品的替代性程度增强，更为重要的是平台融合也使原先属于不同产业、不同市场的企业因为融合而成为竞争对手，如手机电视广告资源的竞争，网络电话与移动电话和固定电话间的通信竞争等。除了产业竞争格局外，平台融合也改变了平台企业间的业务竞争模式，平台融合促使一个网络平台可以通过增添新的功能从而进入到其他网络所在的产业市场，从而拥有比其他网络平台更多的功能组合。融合平台往往是把被融合平台的业务作为自己主营业务的附属业务，这样使得被融合平台在与融合平台进行业务竞争时处于劣势地位，导致被融合平台业务量和利润下降，在与融合平台的竞争中逐渐被驱逐出市场，而融合平台则不断吞噬被融合平台的业务量，进而占据整个市场。程贵孙（2010）利用 RealNetwork 播放器与 Windows 媒体播放器之争的例子证明了平台融合的重要性。RealNetwork 公司是最早开发媒体播放器软件的公司，在开发初期，RealNetwork 公司向消费者提供媒体播放器软件免费下载，而向内容提供商收取费用，这种双边价格模式使 RealNetwork 公司在早期获得了较大的利润收益。然而，当微软公司在其操作系统上捆绑 Windows 媒体播放器（Windows Media Player，WMP），并且向消费者和内容商都免费供给时，更多的消费者和内容商都转向使用 WMP 播放器软件。这是因为消费者在使用 Windows 操作系统时也可以免费获得 WMP 播放器软件，并且 Windows 操作系统还提供了多功能的服务，如文件管理、文件打印、电子邮件以及网游等，这使其对消费者具有更大的吸引力。数据显示，到 2003 年，在美国媒体播放器市场上有 42% 的消费者使用 WMP 播放器，而只有 19% 的消费者还在使用 RealNetwork 播放器。

与平台融合相似的一种竞争策略是多产品策略。平台可以通过提供多种产品，更有效地将一边用户吸引到平台中来，进而解决用户市场培育问题。例如，广播电视公司可以开发新业务数据广播、互联网广播；电信运营商可以开展手机电视、手机网络、手机银行等业务；互联网企业可以开展网上支付、电子图书等业务。这种多产品策略极大地扩展了原平台的单一功能，使平台拥有了更多的功能，从而达到吸引终端用户的目的。不过需要注意的是，采取多产品策略通常只是为了吸引更多的双边客户进入并使用平台，而不是寻求某一类客户的利润最大化（程贵孙，2010）。

（五）福利分析

1. 反垄断规制

双边市场概念与反垄断有着很紧密的联系，正是一系列针对银行卡产业的反垄断诉讼案例才引起学者对双边市场的重视和研究，因此，对双边市场进行研究就不得不提到福利经济学、反垄断和规制经济学。

由于网络外部性的存在，双边市场中的平台企业通常采取倾斜式的定价结构以解决"鸡蛋相生"的问题，此时对于规制机构来说，便很难裁定低于边际成本的定价是否属于掠夺式定价，而高于边际成本的定价又是否属于垄断定价。从诸多的双边市场和单边市场的差异化行为来看，经济学理论界普遍对于双边市场的这种定价行为持支持或者不确定的态度。Evans（2003）最先考察了双边市场的反垄断问题，并建立了基本分析框架。其研究结果表明，相比于传统的单边市场来说，双边市场存在着一些自身的固有特性。第一，双边市场不再遵循边际成本定价法则；第二，平台会向两边征收两个不对称的价格以使得其自身利润最大化；第三，平台的福利分析需要综合考虑平台定价水平、定价结构以及双边用户的参与规模。这些因素均会影响到对于双边市场的反垄断分析。同 Evans 的研究相比，程贵孙、陈宏民和孙武军（2006）、杨冬梅（2008）更加侧重于强调在双边市场中对于平台企业垄断认定的复杂性。他们认为具有双边市场特征的平台企业在竞争行为上与传统单边市场中企业的不同之处在于，由于平台企业考虑的是更好地使双边用户能够参与到平台上来进行交易，因此其往往或者向一边用户不收取任何费用而向另一边用户收取费用，或者向一边用户收取低于产品或服务的边际成本的价格（费用），而向另一边用户收取高于产品或服务的边际成本的价格（费用），因此双边价格可以不反映边际成本，非对称价格结构也并不反映垄断势力和掠夺性定价的存在，同时这种交叉补贴也不属于不正当竞争行为。此外，郭丽丹（2007）研究发现，在双边市场中如果用把价格当作成本的方法来提高社会总福利，反而会降低平台的交易量和社会福利。

捆绑销售也是平台经常采用的策略之一（Rochet and Tirole，2008）。传统理论认为，捆绑销售属于价格歧视和市场圈定行为，捆绑销售通常减少了消费者的选择，损害了消费者的福利。然而 Choi（2010）发现，捆绑能够促使更多的当事人加入多个平台，并使特定平台上的独家内容能够提供给更多的消费者，这对于内容提供者来说是有益的，由此可知，捆绑能够提高福利。这对于反托拉斯的判别提供了启示。程贵孙、陈宏民和孙武军（2006）认为在双边市场中，捆绑销售行为比较突出的是银行卡双边支付平台。为了提高市场份额，各大银行卡组织一般会向其特约商户要求受理其品牌下的所有银行卡。但是银行卡组织对商户受理卡行为的捆绑销售却更有利于平台平衡双边用户的需求，更有利于提高银行卡组织的交易量。商户同时受理信用卡和借记卡，使得消费者可以使用同一品牌下所有的银行卡，这就增加了消费者的福利，从而导致有更多的消费者愿意持有该种品牌的银行卡。由于银行卡双边支付平台的交叉网络效应的存在，更多的消费者参与卡交易又使得受理卡支付的商户获得了更大的交叉网络效应，于是商户将更有动机去受理卡，同时获得的利益也会更大。这样通过双边网络效应形成的正反馈效应，导致消费者享有更大的福利和商户利润的增加。

董维刚、许玉海、孙佳（2011）的研究则着眼于平台合作。他们以近期日益增多的产业间平台企业合作为背景，针对合作后平台用户固有收益水平提高这一特征，构建了双寡头竞争模型，以此分析合作对平台定价的影响。研究发现，随着合作平台上用户固有收益水平的提高，该平台将提高产生较弱网络外部性的一边用户的定价，而对另一边用户的定价则必须视平台双边用户间接网络外部性大小差异而定。不仅如此，合作还增加了该平台上双边用户定价的非对称程度。如果两个平台是非合作的，那么对于双边用户的定价则恰恰与合作情况下的结论相反。从福利角度来看，合作会提高平台的利润水平，增加消费者总剩余和社会总福利，这意味着规制机构在对双边平台合作进行规制时要特别谨慎，切忌过度干预。

综上可见，由于双边市场和单边市场机制的不同，双边市场的反垄断规制是一个极其复杂的问题，特别是由于间接网络外部性的存在使得市场集中度、勒纳指数等传统指标难以针对双边市场进行有效度量，这也加大了双边市场反垄断审查的难度。除了上述提及的诸方面因素外，事实上如同单边市场一样，平台企业的私有信息，例如，边际成本信息很难获得，这对于市场势力、掠夺式定价等的界定同样造成很大困难。此外，平台之间的竞争手段日趋多样化，这也使规制取证的难度不断增大。

实际上，一些学者也试图针对平台产业设计相应的垄断认定方法。例如，陆伟刚和张昕竹（2014）便提出了一种 SSNIP 测试方法的改进思路。他们认为考虑到宽带专属性平台具有间接网络外部性，平台运营商不同边与同一边不同业务之间的总替代与总互补关系的非对称性与负反馈效应容易导致相关市场界定过窄，同时会过高估计滥用市场支配势力。为了避免上述情况的出现，他们提出了一种适用于双边市场的市场势力与滥用的基本测算思路与方法，并为双边市场环境下垄断行为举证需要构建的证据链提供了基于这些方法的组合框架建议。虽然这些学者的研究对于平台产业的垄断认定具有一定的启发，但是不可否认的是，目前仍缺乏一个被普遍认可的判断平台产业定价规制的标杆体系。

不过，需要特别指出的一点是，即便针对平台产业的垄断认定存在困难，却也并不意味着对于平台产业来说，垄断本身意味着社会福利的最大化。理论分析表明，即便对于平台产业来说，竞争依然有利于提高社会福利（Chakravorti and Roson，2006）。

2. 互联互通的福利效应

由于双边市场的特殊性，平台之间的互联互通给消费者带来的效用是两方面的：一是来自本边的收益，平台从互联的另一个平台的同边的消费者获得了直接网络外部性的收益；二是平台互联后，平台消费者可以从与互联平台另一边的消费者进行交易获得间接网络外部性的收益。我国银行卡的互联互通实践经验证明了双边市场平台互联互通的重要意义。但是在许多产业中，由于种种原因，实现互联互通的难度很大，例如，大型网络招聘平台、电子商务平台等，目前实现互联互通的非常少。有学者便对此问题进行了深入的研究。Doganoglu 和 Wright（2006）讨论了双边市场中用户多归属以及平台兼容的问题。研究结果表明，在消费者多归属行为存在的情况下，即便企业兼容的成本不高，在平台竞争的情况下企业依然会选择互不兼容，原因在于当企业选择兼容之后消费者将会放弃多归属，这导致平台企业竞争压力上升。这在一定程度上解释了为何在现实中平台往往缺乏自主兼容的内在动力。事实上竞争的平台如果能够兼容，则会提高社会福利，因此，政府如果能在促进平台互联互通方面制定相关政策将会在一定程度上提高资源的利用效率。纪汉霖、王小芳（2007）从平台间互联接入费的视角研究了双边市场中对称和非对称平台的互联互通问题，其研究表明，平台互联互通能够提高平台的利润和社会福利，不过当非对称平台进行互联时，则会抵消强势平台的用户规模优势。

（六）小结：平台经济理论的研究现状与不足

双边市场和平台理论是近期产业组织领域的研究热点之一。价格结构、平台竞争等问题都是其中值得关注的重点。虽然已有文献对于这些现象进行了大量探索，但仍有许多问题有待进一步研究。

在理论方面，双边市场的平台企业在定价时存在着双边的交叉网络外部性和价格结构的不对称性，这些是不同于单边市场的。虽然已有众多学者研究了不同市场结构下的定价策略、社会福利以及竞争和垄断平台情况下影响双边用户的因素，但是不能忽视的是，由于平台企业在定价时具有一定的市场势力，因此双边市场的反垄断审查仍然是值得关注的问题。总体上看，当前关于双边市场反垄断规制方面的文献还相对较少，究其原因主要还是由于具有双边市场特性的产业的网络外部性难以度量，这应是未来针对双边市场研究的重点。

在实践方面，对于具有双边市场特性的相关产业的研究依然较少，并且仅集中于银行卡等几个产业，同时由于缺乏双边市场产业的相关数据，研究者也很难对相关市场进行有效的实证研究。此外，在双边市场相关产业的垄断和竞争的动态定价方面的研究更是刚刚起步，动态优化模型在相关产业中的运用依然存在着很大的困难，这些都是今后研究的重要方向。

二、平台经济理论在银行卡产业定价领域的应用

（一）平台经济视角下银行卡交换费的定价研究

1. 交换费的概念

银行卡产业存在多种错综复杂的联系，即商家与消费者之间的联系、消费者与银行之间的联系、商家与银行之间的联系、银行之间（即发卡行与收单行之间）的联系等，同时这些主体之间又存在利益冲突，这些联系及利益冲突最终集中在交换费上。

Baxter（1983）指出，使用银行卡交易是一种由消费者和商户共同消费的服

务，只要当他们的共同收益超过他们使用银行卡交易的成本时，银行卡就应当被使用，因此向消费者和商家收取费用的结构在支付卡推广、使用过程中起着十分关键的作用。但从现实看，银行卡组织往往对消费者不收取费用（甚至有时是采用补贴的形式），其一般通过调整交换费来间接影响消费者和特约商户费用（Rochet and Tirole，2002）。骆品亮（2006）对交换费下了一个定义，他认为交换费是指由银行卡组织规定的，在每一笔跨行交易完成时，由收单银行支付给发卡银行的交易费用，主要用于补偿发卡银行在拓展市场和提供交换信息中的成本。而从双边市场的角度来看，Schmalensee（2002）认为交换费实质上是特约商户通过收单行向发卡行支付的一种费用，以弥补发卡行为吸引和留住持卡人而花费的成本。交换费的大小虽然是银行系统内收单行和发卡行之间的利益分配，但是它的变化会影响到发卡银行和收单银行制定的服务费标准（卡费和特约商户扣率）的变化，影响到消费者和商家是否使用银行卡支付的决策行为，进而影响到整个支付卡市场的运行效率。提高交换费一方面使得商户扣率上升，商户受理银行卡的意愿下降；而另一方面发卡机构收益增加，其营销投入也增加，消费者支付的卡费下降，这将促进消费者的刷卡交易上升，从而促进商户受理银行卡。Rochet 和 Tirole（2002）的研究表明，交换费是银行卡产业将商家和持卡消费者的网络外部性内在化的必要条件，只要交换费的价格在商家可以接受的范围之内，那么银行卡组织只向商户收费是社会最优的。程贵孙、孙武军（2006）等人也认为，银行卡交换费的收取是银行卡网络正常运转的保障。

可见，交换费是银行卡产业利益的核心，对于银行卡组织来说，其是一种极其重要的制度安排。例如，VISA、万事达等开放式银行卡组织一般都利用交换费对收单市场和发卡市场价格进行调节以促使交易量上升，而在如美国运通等封闭式银行卡组织中，尽管其没有制定明确的交换费，但是其定价中也隐含了交换费。

2. 交换费的形成机制及变动趋势

交换费自产生以来，一般由卡组织在其规则框架内联合会员机构共同设定。在主要的几大银行卡组织之中，VISA 和万事达长久以来都是联合其会员发卡机构集中制定交换费，收单价格由各收单机构与商户谈判确定。VISA 和万事达与其发卡会员机构不参与和干涉收单机构的定价，商户手续费之和为交换费和收单机构收益。商户无须承担卡组织的转接费等费用，转接费通常是卡组织直接向发卡机构和收单机构收取。虽然交换费是卡组织与其会员银行集中制定，但是 VISA 和万事达在整个银行卡支付系统的核心地位使得交换费的制定权几乎被卡组织控制。其定价过程是：VISA 拟订交换费收费标准，而后提交发卡会员讨论，根据发卡会员意见做出修订，最后，修改后的交换费标准经发卡会员讨论通过。万事达有所不同的是对交换费进行讨论的不是发卡会员，而是董事会。不过随着 VISA 和万事达纷纷上市转型为营利性公司后，在重大事项的决策机制上完全适用于"公司法"的规定，由股东大会做决定，因此在定价上有了更大的自主权。

与 VISA 和万事达定价机制不同，美国运通、JCB 以及大莱直接与商户谈判协商确定商户手续费。即使在代理协议或者特许协议下，其代理发卡机构或者特许收单机构也需要根据协议的要求与商户就交换费进行谈判。可见，与开放型卡组织相比，封闭型卡组织更能够控制商户手续费的定价权，可以根据市场环境的变化做出相应的调整。尽管从产品的发展来看，借记卡与信用卡有很大的差异，但是其价格形成机制基本上完全相同。从各国借记卡的发展来看，由于绝大多数密码借记卡都是区域性的，因此，不同的区域性组织制定的借记卡交换费价格存在较大差异：有的按照每笔交易收取固定费用，与交易金额无关；有的按照交易金额的一定比率收取，但设定交换费的上下限。在存在转接交换中心的国家或者地区，交换费由交换网络及其会员或者股东集中制定；在无转接交换中心的国家或者地区，交换费的支付方式由当地主要发卡银行通过一对一谈判确定，主要采取按笔收取固定费用方式。

不过，随着各国公共部门纷纷介入到银行卡定价环节之中，银行卡组织的定价权受到了极大的冲击，政府指导定价管理在各国普遍得到强化。有统计表明，截至 2014 年 8 月，已经有 38 个国家或地区的公共部门介入或发起了针对银行卡交换费或商户手续费的调查，其中从 2010 年之后开始介入调查的有 7 个国家（Hayashi and Maniff, 2014）。并且与早期的反垄断部门通过介入或发起诉讼进行干预不同，近年来的干预越来越多地使用监管和立法措施。2009 年，委内瑞拉中央银行开始限制商户手续费；2011 年，美联储开始限制较大规模发卡机构的借记卡交换费；2012 年，印度储备银行开始对商户手续费设定上限；2014 年南非储备银行开始设定交换费水平。波兰（2012 年）和西班牙（2014 年）也开始通过法律或政府政策来规制交换费上限。此外，匈牙利、罗马尼亚和欧盟也纷纷提议要规制交换费。从对银行卡交换费监管的效果来看，在大多数国家或地区，卡组织的交换费在各国公共部门介入下呈现出下降的趋势。例如在美国，《杜宾交换费修正案》引入了交换费上限，由美联储负责设定相应标准。表 3 - 2 是 VI-SA 美国签名借记卡交换费率，其中豁免监管一列的费率水平一直以来变化幅度并不大，而与之形成对比的是，受监管一列的费率水平则由于交换费上限的限制而大幅降低。据估计，交换费上限的规定使得美国被监管银行的平均单笔交易交换费由 0.50 美元降至 0.24 美元，降幅大约 52%（Hayashi，2012），而每年交换费收入则大约下降 66 亿~80 亿美元（Hubbard，2013）。在欧洲，欧盟委员会已经要求 VISA 和万事达降低跨境交换费，并于 2014 年接受了 VISA 的提议，将借记卡交换费上限定为 0.2%，信用卡上限定为 0.3%。

表 3 - 2   VISA 美国签名借记卡交换费率

类别	豁免监管	受监管
有卡交易（Card Present Transactions）		
超市（Supermarket）	$0.30	0.05% + $0.21
零售（Retail）	0.80% + $0.15	0.05% + $0.21
自动售油机（Automated Fuel Dispenser）	0.80% + $0.15（上限 $0.95）	0.05% + $0.21
服务站（Service Station）	0.80% + $0.15（上限 $0.95）	0.05% + $0.21
小额交易（Small Ticket）	1.55% + $0.04	0.05% + $0.21
餐饮（Restaurant）	1.19% + $0.10	0.05% + $0.21
旅馆和汽车租赁（Hotel and Car Rental）	1.19% + $0.10	0.05% + $0.21
客运（Passenger Transport）	1.19% + $0.10	0.05% + $0.21
旅行社（Travel Service）	1.19% + $0.10	0.05% + $0.21
零售版软件密铜（Retail Key Entry）	1.65% + $0.15	0.05% + $0.21

续表

类别	豁免监管	受监管
无卡交易（Card Not Present Transactions）		
零售（Retail）	0.65% + $0.15（上限 $2.00）	0.05% + $0.21
偿债（Debt Repayment）	0.65% + $0.15（上限 $2.00）	0.05% + $0.21
公共事业（Utility）	$0.65	0.05% + $0.21
缴税（Debit Tax Payment）	0.65% + $0.15（上限 $2.00）	0.05% + $0.21
无卡交易（Card Not Present）	1.65% + $0.15	0.05% + $0.21
电子商务标准类（e – Commerce Basic）	1.65% + $0.15	0.05% + $0.21
电子商务零售类 （e – Commerce Preferred Retail）	1.60% + $0.15	0.05% + $0.21
电子商务旅馆和汽车租赁类 （e – Commerce Preferred Hotel and Car Rental）	1.70% + $0.15	0.05% + $0.21
电子商务客运类（e – Commerce Preferred Passenger Transport）	1.70% + $0.15	0.05% + $0.21
旅馆和汽车租赁（Hotel and Car Rental）	1.70% + $0.15	0.05% + $0.21
客运（Passenger Transport）	1.70% + $0.15	0.05% + $0.21
账户资金（Account Funding）	1.75% + $0.20	0.05% + $0.21
电子支付交换费（Electronic Interchange Reimbursement Fee）	1.75% + $0.20	0.05% + $0.21
标准补偿费（Standard Interchange）	1.90% + $0.25	0.05% + $0.21

注：①在受监管的交换费中，若发卡机构可以证明其符合欺诈保护的相应标准，则可获得额外的 0.01 美元；②相应标准来自 VISA 网站（2014 年 10 月 18 日更新）。

3. 定价机制的理论与模型

（1）早期理论与模型。

1）Baxter 模型：解释交换费对银行卡市场发展的决定性意义。Baxter（1983）开创了运用产业组织理论进行规范研究银行卡的先河，建立了银行卡交易的经济学模型，为银行卡产业提供了一个基本的研究框架，揭示了交换费是平衡银行卡双边市场中双边利益的关键因素，交换费的存在有利于社会福利增进。

该模型假定银行卡持有者和商户对不同支付方式的需求是互补产品，由于存在使用外部性，消费者是否选择银行卡支付取决于持卡人和商户选择银行卡支付和现金支付分别得到的净效用。假设 b^B 为持卡消费者选择刷卡消费的净效用，b^S 为商户接受刷卡消费的净效用，持卡人和商户对此支付的价格分别为 p^B 和 p^S，c 为银行卡组织提供银行卡支付服务的总成本，包括发卡机构和收单机构各自的边际成本 c^B 和 c^S，并且满足 $c^B + c^S = c$。

从全社会的福利角度看，消费者选择银行卡支付的最优条件是社会总收益大于社会总成本，即满足：

$$b^B + b^S \geqslant c \tag{3-1}$$

假定银行卡双边市场是完全竞争的，则持卡人使用银行卡支付的价格等于发卡机构发行银行卡的边际成本，商户接受刷卡所支付的价格等于收单机构受理银行卡业务的边际成本，只有市场的每一端用户都有正的效用，才能维持银行卡的正常交易，即满足：

$$b^B \geqslant p^B = c^B, \ b^S \geqslant p^S = c^S \tag{3-2}$$

比较上述两式，不难发现，当不存在发卡机构和收单机构之间的转移支付时，由于边际成本定价不能满足每一端用户的成本收益条件，银行卡支付交易不能实现，导致银行卡使用率低于社会最优水平（见图3-5）。

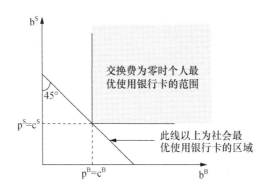

图3-5　银行卡交易的社会最优和个人最优条件

Baxter 认为，如果收单机构向发卡机构进行适当的转移支付，可以放宽银行卡市场的约束条件。假设收单机构向发卡机构支付交换费 a，且满足 $a = b^S - c^S$，发卡机构净成本变为 $c^B + c^S - b^S = c - b^S$，因此实现银行卡交易的条件变成：

$$b^B \geq c - b^S \tag{3-3}$$

可以看出，式（3-3）与社会最优条件即式（3-1）等价，说明在银行卡市场完全竞争的条件下，交换费作为收单机构对发卡机构的转移支付手段，能够平衡双边市场上每一端用户的成本和收益，促进银行卡的正常交易，达到社会最优水平。由于一个支付系统意味着其是对持卡人和商户的共同服务，持卡人和商户之间额外交易的总收益应等于发卡、收单机构提供额外交易的总成本，在此基础上，Baxter 认为，较高的交换费率提高了收单机构和特约商户的成本，而使得发卡机构和持卡人成本下降，因此最优交换费率不应太高，否则会导致商户减少，也不应太低，否则将导致持卡人减少。

Baxter 的主要贡献在于他非常清晰明确地阐述了交换费的作用。他解释了集中制定的交换费不是通常意义的垄断定价，而是将资源从网络的一方转移到另一方以确保交易参与者的成本获得补偿的一种定价机制。其主要作用是平衡发卡市场和收单市场的成本和收益，从而将双边市场的外部性内部化，以便得到帕累托改进的资源配置结果。在双边市场均为完全竞争的情况下，社会最优的交换费是非零的，这一结论显然十分重要。

虽然 Baxter 的分析框架很好地解释了交换费对于银行卡市场正常发展的重要作用，但并没有回答如何确定交换费的问题。因此不论从全社会福利的角度还是从银行卡市场利润极大化的角度，都必须拓展 Baxter 的分析框架，确定合适的交换费率。而他提出的交换费存在论在后来的讨论研究中也遭受质疑，最典型的就是 Carlton 和 Frankel 在 1995 年提出的"交换费中性论"。

2）Carlton 和 Frankel 模型：反对交换费存在的"交换费中性论"。Carlton 和 Frankel（1995）最重要的贡献是研究得出，在 Baxter 研究框架下如果银行卡市场是完全竞争的，那么交换费水平不会影响银行卡的最终价格，也不会起到补偿发卡机构的作用，在一定条件下交换费是中性的，因此交换费没有存在的必要。

他们认为，银行卡组织制定的最优交换费未必能够使社会福利最大化。在发卡机构、收单机构和商户都完全竞争的条件下，交换费不会影响银行卡的最终价格,交换费呈中性,完全可以通过对不同支付手段制定不同价格的方式来覆盖支付系统提供服务的成本。基于此他们认为,现在交换费机制得以存在是因为银行之间的竞争不充分。然而,在不完全竞争市场条件下,交换费机制可能造成有害影响:一方面,由于市场中现有的竞争力量不足以消除交换费给发卡机构带来的超额利润,可能造成不同支付系统相对价格的扭曲,从而使消费者不能有效地选择不同的支付手段;另一方面,市场竞争的不充分使交换费成为默契合谋的工具。为了平衡双边市场的收益,提高银行卡交易的水平,银行卡组织可以通过提高交换费率并降低持卡人费用来对持卡消费者进行无形的补贴,如果持卡人能够享有增加的交换费收益中的一部分,其数量将进一步增加。虽然这会使商户接受银行卡的成本上升,但为了避免消费者转向其他商户消费,作为战略上的考虑,商户不会因此停止受理银行卡。这样的结果是,银行卡组织不断提高交换费率以满足利润最大化的要求,形成垄断。

Carlton 和 Frankel 针对 Baxter 的交换费理论提出了另一种使用外部性内部化、提高银行卡交易水平的方法——差别定价。他们认为,如果商户使用差别定价手段,把不同支付手段的成本转嫁给选择不同支付手段的消费者,使用外部性也可以被内部化,银行卡交易可达到社会最优水平。此时商家接收银行卡的净成本变为 $c^S - b^S$,在双边市场满足完全竞争条件时,持卡人使用银行卡进行刷卡消费的条件变成:

$$b^B - p^B \geq c^S - b^S \tag{3-4}$$

比较式(3-4)和式(3-1),可以看出商户制定双重价格使得银行卡交易达到社会最优水平,商户对消费者的差别定价可以达到相同目的。但现实中银行卡组织规定不能对持卡消费额外收费(No surcharge rule),这增加了持卡消费者的用卡成本,也不利于银行卡这个双边市场的发展;而商户出于交易成本的考虑,也不会对持卡消费和采用其他支付手段的消费者采取差别定价。

在 Carlton 和 Frankel(1995)研究的基础上,Frankel(1998)做了更为深入的研究。一方面,Frankel 进一步分析了交换费的福利效应,他承认由于交易成本的存在,商户对不同支付手段采取差别定价并不现实,且没有必要为了从不同价格中获得收益而使消费者反感，商户无力将银行卡成本以额外收费的方式转移出去，使得交换费不呈中性，"禁止额外收费"规则的废除也并不必然导致商户设置双重价格；另一方面，正是这个结果，导致银行卡组织在确定交换费时存在很大的市场支配权力，银行卡组织为了得到最大利润会滥用这种市场支配权力，造成银行卡相对于其他支付手段的过度使用。为了解决这个问题，他建议政府干预银行卡交易市场，制定"零交换费"。

（2）第二代的理论与模型。

1）Rochet 与 Tirole 模型：新规制经济学的最优交换费率。Rochet 和 Tirole（2002）首次提出不完全竞争市场条件下分析银行卡交易的完整模型，对交换费集中定价、"禁止额外收费"规则以及对社会福利的影响做了深入研究。[①] 他们运用霍特林模型对商户受理银行卡行为进行研究，认为交换费率的确定取决于持卡人需求、发卡机构成本和双边市场竞争状况，而极大化利润的交换费并不一定比极大化社会福利的交换费高。

假定所有接受银行卡交易的商户同质，银行卡的均衡价格是发卡银行竞争成本的函数 $p^B = f(\gamma^B)$，其中 $\gamma^B = c^B - a$，且 $0 \leq f \leq 1$，当发卡机构成本增加时，持卡人支付价格将增加，但发卡机构的利润加价（mark up）不增加。这意味着随着交换费的提高，持卡人支付的价格将下降，对银行卡支付需求将增加，导致发卡机构利润增加。因为模型假定所有商户同质，这个模型不能得到 Baxter 模型中的均衡状态。另一个与 Baxter 模型不同的是，假设商家考虑是否接受银行卡支付时，不仅要考虑相应的成本，还要考虑接受银行卡支付可能带来的竞争实力的增加。

模型得出以下结论：

第一，商家接受银行卡交易的充要条件是交换费 a 低于 ā，ā 满足以下条件：

$$\bar{a} - \alpha v^B \left[f(c^B - a) \right] = b^S - c^S \tag{3-5}$$

其中，α 为持卡人事先知道商家是否接收银行卡支付的人数比例，商家接受

---

① 这是 VISA 对其会员银行所制定的三大规则中的两条，另一条是"接受所有卡"（Honor all cards rule），即只要接受 VISA 发行的银行卡，就必须接受其发行的其他银行卡，如借记卡、商务卡或联名卡。

刷卡消费愿意支付的成本为 $b^S + \alpha v^B$（p^B），其中 v^B（p^B）为选择银行卡交易的消费者净剩余。

第二，由于发卡机构利润随着交换费递增，可知 $\bar{a}$ 是银行极大化利润的交换费率，因此，极大化利润的交换费等于商家接受银行卡的最高交换费水平。

第三，当交换费 $a < \bar{a}$ 时，极大化社会福利的交换费 $\tilde{a}$ 满足以下条件：

$$c - b^S = f\ (c^B - \tilde{a})\ = p^B \qquad\qquad (3-6)$$

此时的交换费 $\tilde{a}$ 使得银行卡的使用外部性完全被内部化。

综上所述，极大化社会福利的交换费率 $a^* = \min\ \{\bar{a},\ \tilde{a}\}$。当交换费被设定在商户净扣率等于持卡人收益时，商户受理银行卡，只要交换费不超过商户接受银行卡交易的临界值，交换费的提高会增加银行卡的使用率；在"禁止额外收费"规则下，当消费者使用银行卡所支付的费用比发卡机构和收单机构提供服务的总成本减去商户收益的差更高或与之相等时，银行卡组织设定的利润最大化交换费和社会最优交换费一致；当前者比后者少时，发卡机构得到的交换费转移将导致银行卡服务的过度提供。

Rochet 和 Tirole 考虑了当消费者事先知道商户是否接受刷卡消费时的情况。其认为，为避免消费者到其他商户购物，作为战略上的考虑，商户愿意支付更高的费用来接受银行卡交易；当不存在"禁止额外收费"政策时，交换费是中性的。这个结论实质上包含商户对消费者实行差别定价的思路，即对于银行卡交易的支付意愿较低的商户（低利润商户），社会最优交换费等于极大化利润的交换费；对于支付意愿较高的商户，极大化利润的交换费水平高于极大化社会福利的交换费。但这个模型存在非对称性假设，即假设商户收益相同、所有商户同质而消费者收益不同，这将导致极大化利润的交换费被高估。Rochet 和 Tirole（2002）模型和结论被后来许多经济学家和监管机构所利用，但令人疑惑的是，不论是支持银行卡交换费机制存在的机构还是反对交换费存在而赞同基于成本定价的机构，其结论都是从 Rochet 和 Tirole（2002）推导而来，可见，学界对银行卡交换费机制的研究具有严重的政策制定色彩。

2）Wright 模型：进一步考虑商家策略行为的四个命题：Wright（2001）建

立在 Rochet 和 Tirole 理论的基础上并扩展了前面的模型，以分析商户利益和消费者利益异质的情况。由于每一个商户必须决定接受或不接受所有卡交易，导致一些无效率的卡交易可能被进行，而一些有效率的交易又可能不会进行。最优交换费率取决于持卡人和商户的边际盈余。该研究框架将交易量最大化的交换费率、银行卡组织利润最大化的交换费率和福利最大化的交换费率进行比较。

发卡机构收取交换费 a，竞争下的发卡机构净成本为 $c_I - a$，每次交易收取持卡人费用 f，竞争下的收单机构净成本 $c_A + a$，收取商户费用 m，则两者利润为 $\pi_I = f - (c_I - a)$，$\pi_A = m - (c_A - a)$。假设一个行业的所有商户异质，当一个商户接受刷卡消费时，得到净收益 b_S，并满足分布函数 $G(b_S)$，不同行业有不同的分布函数，商户是否接受刷卡消费的临界值为 b_S^m，即当 $b_S \geq b_S^m$ 时，商户接受刷卡消费。定义商户对银行卡的需求为 $S = 1 - G(b_S^m)$，则平均交易收益为递增函数：

$$\beta_S(b_S^m) = E[b_S|b_S \geq b_S^m] = \frac{\int_{b_S^m}^{\infty} b_S g(b_S) db_S}{1 - G(b_S^m)} \tag{3-7}$$

消费者刷卡消费得到收益 b_B，满足分布函数 $H(b_B)$，消费者是否选择刷卡消费的临界值 b_B^m，即当 $b_B \geq b_B^m$ 时，消费者选择刷卡消费。定义其需求为 $D = 1 - H(b_B^m)$，平均交易收益为递增函数：

$$\beta_B(b_B^m) = E[b_B|b_B \geq b_B^m] = \frac{\int_{b_B^m}^{\infty} b_B h(b_B) db_B}{1 - H(b_B^m)} \tag{3-8}$$

此外，定义交易量最大化、卡组织利润最大化和福利最大化的交换费率分别为 a^T、a^Π 和 a^W，其中在考虑到发卡机构和收单机构间存在非对称议价权的情况下，在加总卡组织总利润时，在收单机构利润前加上一个折扣率 λ，不过其取值可以大于或小于 1。

基于上述假设，Wright 推导出如下四个命题：

命题 1：在 $a = a^T$ 时，当且仅当 $\beta_S - b_S^m > \beta_B - b_B^m$，福利最大化的交换费率高于产出最大化的交换费率。

命题 2：在 $a = a^T$ 时，当且仅当 $\partial\pi_I/\partial a > -\lambda\partial\pi_A/\partial a$，利润最大化的交换费

率高于产出最大化的交换费率。

命题3：如果消费者和商家是信息对称的，发卡机构和收单机构也是信息对称的，则交易量最大化、利润最大化和福利最大化的交换费率均为0。

命题4：如果当交换费为0时，愿意接受刷卡的商户比愿意刷卡消费的消费者更多（即 $b_S^m < b_B^m$），并且商户银行卡需求对交换费的敏感度并不比消费者高（即 $|\partial S/\partial a| \leq \partial D/\partial a$），那么当发卡机构和收单机构有相同的成本和议价能力，消费者和商户具有相同的利益分布函数时，则交易量最大化、利润最大化和福利最大化的交换费率将为正数。

据此，Wright认为，交换费最优水平不再是总收益等于总成本，而是取决于消费者和商户的边际特性，以及其他消费者和商户加入到该支付系统当中所带来的盈余。此后，Wright（2003）又进一步对Rochet和Tirole（2002）的分析进行扩展以考虑商户的策略行为，并分别讨论商户处于垄断地位和完全竞争市场两种情况。他认为在商户处于不完全竞争的条件下，"禁止额外收费"规则使得银行卡交易量和社会福利增加；而若商户完全竞争，"禁止额外收费"规则对银行卡市场没有任何影响。综上可见，在两种市场结构中，银行卡组织的交换费和"禁止额外收费"规则与社会福利目标是一致的。

3）Katz的研究：基于成本定价的交换费机制。作为澳大利亚联储雇用的经济学家，美国加州大学伯克利分校的Katz（2001）承认银行卡支付存在复杂的网络效应，但他认为存在多种机制将这些网络效应内部化。他引用了Rochet和Tirole（2002）的结论，认为银行卡组织确定的交换费有可能高于社会最优交换费。正是基于这一点，澳联储得出对交换费实行政府管制，并基于成本定价的结论。但实际上，Rochet和Tirole并没认为银行卡组织确定的交换费一定高于社会最优交换费，在有些情况下完全可能出现相反的结果，这意味着政策制定者对经济学家的研究成果存在一定的误解。

Katz认为只有在商户是垄断商户，或者如果商户完全竞争但消费者在决定去哪家商户消费时事先不知道商户是否接受刷卡消费的情况下，银行卡组织制定的交换费率才会等于社会最优费率，但他认为这些假设显然不合适。同时Katz分析认为，商户对消费者的一致定价（one‑pricing）政策可能会扭曲自然竞争对市场的影响。当消费者的消费量、商户收益和银行转移成本的能力不受交换费水平影响时，交换费是中性的，因此交换费机制没有存在的必要。虽然发卡机构在每次交易发生时有正的边际成本，而由于存在各种折扣、补贴，消费者在接受银行卡服务时却没有支付足够的交易费用，但是发卡机构仍能够以低于边际成本的价格来提供服务，因为这样的定价策略会改善发卡机构信用组合的风险度，增加市场份额并从选择未来借贷消费的消费者身上获得利润。Katz 从美国反垄断案例、澳大利亚支付系统规则的改革以及欧盟对银行卡交换费的深入调查中得出结论并对监管机构提出政策建议：规定交换费上限，并且基于边际成本或者平均成本定价。

4）其他。Schmalensee（2002）在 Baxter 的分析框架下对银行卡产业做了进一步的研究，他放松了 Baxter 关于发卡行和收单行都是完全竞争的假设，在不完全竞争的条件下，交换费取决于双边的竞争程度、发卡行与收单行的需求弹性和成本构成，Schmalensee 的分析结果支持 Baxter 的结论，作为平衡卡支付服务的成本和需求的社会最优交换费通常情况下不可能是零。Schmalensee 模型中集中性交换费的设定将最大化产出和社会福利，从而最大限度地实现系统所有者的私人价值。而这并不是在所有情况下都发生，作为一般事项，发卡方和收单方面临的成本、需求和竞争状况决定了私人和社会最优交换费。交换费可以实现私人价值的最大化，该价值高于或低于整个系统产量的最大化成本，同时，如果价值最大化成本高于（低于）最大化产量成本，这就是福利最大化成本。

Chakravorti（2003）认为，如果竞争中的商户能够按照银行卡使用的成本和收益来定价的话，交换费水平对福利没有任何影响，因此对交换费的监管没有必要；并且当商户对市场有完全的控制能力时，社会最优交换费率与发卡、收单机构利润最大化的交换费率一致。Gans 和 King（2002）发现，如果收单机构有市场控制能力，而发卡机构充分竞争，收单机构将选择支付发卡机构更高的交换费率以减少消费者费用，这可能导致在现有条件下银行卡的过度使用；此后，Gans 和 King（2003）通过分析澳大利亚联储对银行卡交易费用的改革，对交换费为中性的市场条件进行了研究。他们发现如果商户能够设置现金消费者和银行卡消费者的差别价格，则交换费呈中性，这个结果与发卡、收单机构的市场控制力无关，假如"一致定价"政策存在且商户有较强的市场控制能力，则交换费是否最终影响价格的制定取决于商户的竞争特征。这意味着取消"禁止额外收费"规则并不必然导致交易费用降低。此外，Wright（2003）、Schwartz 和 Vincent（2006）、Manenti 和 Somma（2010）、Chakravorti 和 Roson（2006）分别从不同角度对最优交换费进行了讨论，尽管由于研究前提的不同导致得出的最优交换费存在差异，但是基本一致认为：银行卡产业是个典型的具有双边市场特征的产业，市场存在各种复杂的外部性，为了促进发卡和收单双边市场的共同发展，交换费是校正外部性带来的市场缺陷所必不可少的重要制度安排，是银行卡产业平衡双边市场成本和收益从而将外部性内部化的重要机制。从理论上看，银行卡组织确定的交换费与社会最优条件的交换费难以比较，因此，政府对交换费进行管制缺乏充分的理论依据。这基本上代表了对交换费定价机制的主流观点。

当然也有持不同看法的学者，其中最有代表是 Balto（2000）。他对 1984 年的 NaBanco 案例进行了反思：第一，20 世纪 80 年代以后，银行卡处理成本迅速下降，随着银行卡产业的发展，直接向用户收费变得更为现实，而不必间接地对商户收费，这意味着随着成本的降低，交换费实际上是在上升；第二，由于银行的兼并，银行之间的一对一谈判能够更容易地进行，因此不再需要集中定价，直接向用户收费也变得越来越可行，这样就不再需要交换费机制；第三，VISA和万事达等银行卡组织的市场支配权力增加，交换费机制有可能被滥用成为合谋定价的工具；第四，银行卡组织有动机通过制定较高的交换费偏向发卡端，使交换费成为非中性机制。

（3）最新的理论进展。近期在银行卡交换费领域最主要的研究进展便是"旅行者测试"（又称"商户无差异测试"）概念的提出，该概念已得到市场主体以及监管部门的高度重视。以一个简单的例子来说明其思想。如果交换费过高，那么商户为了吸引消费者仍然可以选择接受卡支付，但当一次性顾客（例如旅行者）出现时，商户有足够的动机只接受其现金支付。若要避免这种情况的发生，交换费水平的设定就必须使得商户认为消费者刷卡支付或现金支付对其无差异。

首先提出这一概念的是 Rochet 和 Tirole（2006）。他们构建了一个设定交换费的基准模型，重点关注现金支付被卡支付取代时商户的避免成本（avoided - cost），如果接受卡支付不会增加商户的运营成本，那么交换费水平便通过了"旅行者测试"。从这个基准模型出发，他们又继续考虑增加多样化以及更一般化的假设（例如异质性商户等），以证明在何种条件下该测试可以给出更加公正的结果。他们比较了能够通过测试的最大交换费与使社会福利最大化的交换费，发现在异质性商户等情况下，"旅行者测试"是确定交换费水平的可靠工具（Rochet 和 Tirole，2011）。虽然在一些不同的情况下，测试的结果可能不如在 Rochet 和 Tirole 的案例中那么可靠，但是总体来说"旅行者测试"是到目前为止有助于确定交换费水平、防止市场势力滥用的首选方法。

除"旅行者测试"外，其他一些学者还探讨了交换费的变化对福利带来的影响。Valverde、Chakravorti 和 Fernandez（2009）考察了西班牙 1997～2007 年规制多边交换费上限对于福利的影响。他们认为交换费的下降促使消费者和商户的福利提升，同时银行由于交易量的增加带来的收益足以弥补其由于单笔交易收入下降造成的损失，因此银行的收入也有所增加。不过仍无法忽视的是发卡机构会向消费者收取更高的卡费以弥补其降低交换费的损失。与 Valverde 等人的研究相比，Bolt 和 Schmiedal（2013）的研究或许更具启发性。Bolt 和 Schmiedal 认为，提升卡组织之间的有效竞争有利于降低商户手续费，增加银行卡被接受的程度。他们使用欧洲的例子证明这一点，他们认为 SEPA 的创设为欧洲的银行卡产业引入了足够的竞争，有效削弱了潜在的垄断趋势，消费者和商户均从中受益。这或许意味着即便私人制定的交换费有可能高于社会最优水平，通过引入足够的竞争或许可以更有效地解决问题。Verdier（2010）指出，支付系统的质量水平是选择最优交换费时需要考虑的一个重要因素，因此虽然卡组织和银行倾向于提升交换费，但这对于社会福利来说并不是坏事，因为这些收入可以被用来弥补其完善支付网络、提升支付安全性以及进行创新所需要的高昂的固定成本投入。当然，这些收入也有可能以一种对于社会来说并不十分有效率的方式被使用。事实上，Verdier 的研究意味着与关注交换费水平相比，收入如何被有效使用以推进支付网络建设对于社会福利来说或许更加重要。

国内长期以来信用卡和借记卡都是统一定价，这种与国外显而易见的差别引起了国内学者的重视。牛慕鸿（2010）从银行卡组织利润最大化的角度对信用卡和借记卡的交换费进行研究。他通过引入信息成本和我国商户端信用卡和借记卡兼容使用的现实约束条件，建立了同一双边市场平台下信用卡和借记卡的竞争模型。分析结果表明，我国现行的信用卡和借记卡统一交换费定价方法没有反映我国银行卡产业发展由信息成本约束所体现的阶段性特征，扭曲了市场的价格结构，由于我国信用卡发卡市场整体风险较高、信用卡发卡行有效努力水平较低，信用卡的交换费应大于借记卡的交换费。高孝森、童牧和陈俊（2011）则是从市场效用最大化的角度研究了银行卡产业收单费定价问题。他们在放松收单市场完全竞争的假定下，运用双边市场理论，建立了统一定价与差别定价模型，不仅证明了应对不同的卡基支付工具区别定价，而且试图探寻如何分别针对二者设置价格体系，他们发现对于借记卡，收单费的定价最好实行统一定价，而信用卡的定价则应进一步采取差别定价。

4. 存在问题及面临挑战

总体来看，与早期的研究相比，比较近期的研究对于借记卡和信用卡支付中的正交换费存在的必要性基本上已达成共识，但通过何种方式才能确定社会最优交换费，对于人们来说仍然是个难题。在学界，较主流的观点仍然是认为交换费应由市场来决定，但是不可否认，各国政府对交换费的规制在普遍地增强，尤其是通过政府设定上限的方式来降低交换费水平。对于政府立法规制交换费，到目前为止似乎并没有足够充分的理论基础（至少在经济学领域），即便很多学者承认市场制定的交换费或许高于社会最优水平，但交换费上限应该如何确定并没有从理论上得到解决。甚至对于政府是否应该设定交换费上限，这种规制的成本、收益以及对经济的潜在影响等问题，至今在学界以及相关利益群体中仍存有较大争议。

与之相关的是，人们至今还难以依靠经验研究来对交换费水平的确定给出指导，这无论是对私人机构，还是对监管部门来说都是一个大问题。尽管查阅现有研究可以找到大量关于交换费的理论模型，但是这些模型却都难以得到经验事实的检验。如果缺乏经验检验，那么理论模型推导得再完美，也依旧难以服众，因为总会有人通过修改前提假设从而得出截然相反的结论。对于经验分析来说，最困难的一点是有关各种支付工具成本方面的数据很难得到。事实上，人们对于相关成本的阐释与界定都存在很大的分歧。银行卡支付本质上是用电子支付工具取代现金，那么一个被不少学者认识到的最基本问题便是如何估计各种支付工具的成本，即便是现金支付的成本也很难估计（如 Leinonen，2007；Verdier，2011）。

（二）对银行卡产业定价的规制

1. 银行卡产业监管实践

近些年，公共部门更为普遍且又更为频繁地介入到银行卡产业的定价之中。从世界范围来看，最主要的监管主体有两个——反垄断部门和央行，不过在各国的监管实践中这并不完全一致，在许多国家都出现多个部门出面干涉银行卡产业定价的局面。从监管手段上来看，最主要有两种，早期较为普遍采用的是反垄断调查和诉讼，而近来通过立法规制银行卡定价的情况逐渐更为普遍。[①] 反垄断调查和诉讼主要针对的便是交换费的集合定价机制，调查和诉讼的过程通常比较曲折，同时也并非所有针对银行卡组织垄断的指控最终都被判定成立，更多的是以和解的形式告终，不过从结果来看一般都促进了交换费的降低。立法规制的内容主要是对交换费或商户手续费设定上限以及针对卡组织的"禁止额外收费"规则，对于后者，各国当局的态度并不完全统一。表 3 - 3 是近些年各国公共部门对银行卡产业定价进行干预情况的汇总，从中不难看出虽然干预变得越来越普遍和频繁，但从世界范围来看对于银行卡产业并没有形成十分明确的监管框架。

---

① 各国往往是在前期进行司法干预的基础上再通过立法进行规制，不过在部分国家，实际上司法干预是失败的，即对银行卡组织的指控被判定不成立，但其后来仍然通过了规制银行卡定价的法律，例如加拿大和波兰。

表 3 – 3　近些年各国对银行卡产业定价的监管实践

洲	国家	信用卡	借记卡
美洲	美国	2010 年：美国司法部（DOJ）起诉美国运通、VISA 和万事达，指控它们的商户手续费以及对商户的限制违反了反垄断法。DOJ 与 VISA 和万事达议定解决方案，后者允许商户为消费者提供折扣、奖励以及银行卡费用信息	
			2011 年：美国联邦储备委员会设定了被监管银行（资产规模超过 100 亿美元）发行的借记卡的交换费率标准，其中两类特定的借记卡可豁免
		2011 年：解决方案被联邦法官批准 2012 年：商户与 VISA、万事达以及一些大发卡银行之间形成初步解决方案，VISA、万事达将允许商户针对信用卡交易额外收费，但有上限并且需满足其他消费者保护条款 2013 年：商户与 VISA、万事达以及一些大发卡银行之间形成的解决方案被联邦法官批准 2014 年：联邦法院开庭审理 DOJ 起诉美国运通案	
	加拿大	2009 年：参议院银行、贸易和商业委员会对加拿大的信用卡和借记卡系统进行调查 2014 年：联邦预算案中包括了协助降低商户接受信用卡支付成本的条款	20 世纪 90 年代中期：加拿大竞争局允许 Interac 自行设置交换费标准（Interac 至今仍执行零交换费），同时解除 Interac 对额外收费的禁令
		2010 年：财政部信用卡和借记卡管理守则要求支付卡网络规则应确保商家能够对不同付款方式提供折扣 2013 年：竞争法庭驳回了 2010 年竞争交易委员会对万事达和 VISA "禁止额外收费"规则的指控，并建议通过制定合理的监管框架来解决问题	
	墨西哥	1993 年：墨西哥竞争委员会与多家银行达成协议，允许商户对现金购买商品打折 2006 年：墨西哥银行和墨西哥银行家协会同意降低交换费	
	巴拿马	2003 ~ 2004 年：基于 1998 年的银行法，当局对银行卡的发行和管理进行全面的管制	
	巴西	2006 年：巴西中央银行发布关于支付卡产业的指令 1/2006（Directive 1/2006），随后中央银行经济法办公室和经济检测秘书处同意合作收集支付卡行业数据，并协调公共政策行动。支付卡行业数据采集行动于 9 月开始 2009 年：巴西反垄断部门调查 Redecard 和 VISA – Cielo 的反竞争行为 2010 年：巴西中央银行发布巴西支付卡产业报告。经济法秘书处继续调查收单机构反竞争行为是否可能扰乱正常的经济秩序。最终关于取消银行卡组织的"排他性发卡条款"的协议被签订	

续表

洲	国家	信用卡	借记卡
美洲	阿根廷	1999 年：制定了针对信用卡的法律 25.065（Law 25.065），建立了有关信用卡、借记卡和零售卡系统的各方面规范，对银行卡组织针对商户手续费实施的价格歧视进行了限制 2005 年：修订法律 25.065 并形成法律 26.010（Law 26.010），要求收单机构针对同一类商户制定相同的商户扣率，信用卡的最高商户扣率为 3%，借记卡为 1.5%	
	智利	2005 年：国家经济检察官指控 Transbank 滥用市场支配地位，智利反垄断法庭判决其指控成立并对 Transbank 罚款 56000 美元	
	哥伦比亚	2004 年：反垄断部门通过新的法令，允许商户同收单机构协商费率 2006 年：Credibanco（VNo 卡发行机构）被要求从其计算费用的成本中扣除掉一些并不单独针对支付卡服务的成本	
	委内瑞拉	2008 年：Resolución No 2008 年 12 月 1 日被通过（2009 年 1 月生效），其规定委内瑞拉中央银行董事会将依据商户类别对信用卡和借记卡的商户扣率以及交易佣金率设限，并且每年对这些费率水平进行审核	
大洋洲	澳大利亚	2003 年：澳大利亚储备银行（RBA）要求 Bankcard、万事达和 VISA 基于成本制定交换费。允许商户额外收费 2012 年：RBA 改变额外收费标准，允许卡组织对信用卡和借记卡的额外收费设定上限，其根据商户受理银行卡的成本合理确定	2006 VISA：RBA 为 EFTPOS 和 VISA 借记卡系统设定交换费标准。允许商户额外收费 2009 年：RBA 修订了 EFTPOS 的多边交换费标准 2013 年：RBA 实施新的 EFTPOS 交换费标准
	新西兰	2007 年：新西兰商业委员会针对交换费对 VISA、万事达以及其二者的会员机构发起诉讼 2009 年：委员会与 VISA 和万事达和解。其达成协议要求二者改变在新西兰的卡组织规则，允许商户额外收费用（surcharge），允许非银行机构收单，并且在最高交换费率的限制下允许发卡机构独自设置交换费	
		2009 年：商业委员会和 VISA、万事达之间达成协议，要求其允许商户额外收费。	
	斐济	2012 年：斐济央行支持对信用卡和借记卡支付实施"禁止额外收费规则"。	
欧洲	欧盟	2002 年：欧盟委员会（EC）与 VISA 签署协议，要求其于 2007 年降低其跨境交换费，同时交换费水平的设定应建在立提供支付服务的成本的基础上，并且不能超过发行机构的服务成本。 2007 年：EC 判定万事达设定的交换费违法，万事达于 2008 年上诉。支付服务指令（PSD）不允许支付服务提供商阻碍收款人的如下行为：从付款人处收取费用或减少使用一种给定支付工具。然而，考虑到鼓励竞争和促进有效支付工具的使用，PSD 允许成员国禁止或限制收取费用 2009 年：EC 和万事达达成临时协议，将万事达信用卡平均交换费定为 0.3%，借记卡为 0.2%。EC 向 VISA 发出异议声明，宣称其初步判定 VISA 的多边交换费（MIF）违反了欧盟反垄断法 2009 - 2010 年：PSD 被落实到各国法律框架之中	

洲	国家	信用卡	借记卡
欧洲			2010 年：VISA Europe 提议对消费者直接借记卡（consumer immediate debit card）加权平均 MIF 设置上限为 0.2%，随后 EC 放弃了对直接借记卡交换费的调查
		2012 年：欧盟普通法院（The General Court of the EU）确认了 EC 对万事达交换费的判定。EC 向 VISA Europe 发出异议补充声明，声称其在 EEA 范围内的多边交换费限制了竞争，增加了消费价格上升的压力。万事达向欧洲法院上诉 2013 年：EC 正式开始针对万事达的一些银行间费用是否违反欧盟反垄断法展开调查。EC 提议对"四方模式"中的借记卡和信用卡交换费设定上限，分别设定为 0.2% 和 0.3%，交换费上限首先适用于跨境交易，过渡期为两年，之后便同样适用于境内交易。EC 提议修订支付服务指令，对被监管交换费的银行卡，禁止商户额外收费，但对不被监管交换费的银行卡，允许商户额外收费 2014 年：欧洲议会修改了 EC 的提议，将交换费上限扩展到商务卡，取消在跨境支付和境内支付方面的区别，并且将借记卡的上限定为 0.2% 或是 0.07 欧元，取二者中较小者。此外，修订案中还提出若"三方模式"中的交易量超出了由 EC 设定的临界值，则相应原则同样将适用。9 月，欧洲法院判决万事达败诉	
	德国	2006 年：德国竞争管理局（The Bundeskartellamt）收到德国零售协会的法律申诉，指控万事达和 VISA 对商户交易收取过高费用（平均 150 个基点），阻碍了德国民众广泛接受信用卡	
		2011 年：允许商户额外收费 2013 年：反垄断部门关注领导银行协会（Leading Bank Associations）的集合定价行为，其共同商定将电子借记卡的交换费率定为 0.3%，每笔交易最少为 0.08 欧元 2014 年：反垄断部门正式责令领导银行协会放弃集合定价行为	
	法国	2011 年：由于 Groupement des Cartes Bancaires 承诺将所有银行卡的平均交换费由 0.47% 降至 0.3%，随后 FCA 将注意力转向包括万事达和 VISA 在内的其他银行卡组织。禁止商户额外收费但允许其提供折扣 2013 年：在 FCA 的干涉下，VISA 和万事达同意将其交换费上限设定为 0.28%	
	英国	1989 年：允许商户额外收费	
		2005：公平交易办公室（OFT）认为万事达交换费的制定是违法的。此外，OFT 发表声明反对 VISA 关于多边交换费的协定 2006 年：OFT 展开对万事达的新一轮调查。随后，OFT 基于调查结果对万事达提起上诉。由于万事达对交换费进行了调整，OFT 同意竞争上诉法庭搁置其上诉。OFT 重新关注万事达和 VISA 信用卡交换费的制定	2007 年：OFT 扩大其调查交换费的范围，包括直接借记卡

续表

洲	国家	信用卡	借记卡
欧洲	英国	2011年：英国财政部宣布，针对大多数零售部门，针对所有支付形式，政府将禁止商户过多的额外收费，并且延长跨越大多数零售行业的禁令 2012年：英国政府回应欧洲法院，支持欧盟委员会以及欧盟普通法院针对万事达卡的判决。消费者权利规定2012（The Consumer Rights Regulations 2012）指出，禁止商户对消费者额外收费超出其接受给定支付工具的成本负担	
	意大利	2010年：意大利竞争管理局（ICA）对万事达以及8家银行进行罚款，由于其涉嫌使用许可协议保持过高水平交换费，并将该成本转嫁给商户。ICA要求万事达对其收费给出经济理由，要求银行重新考虑与商户的合同条款，并责令二者在90天内证明其涉嫌反竞争的活动已经停止	
			2010年：ICA接受了PagoBancomat关于降低多边交换费（MIF）的承诺，其承诺减少4%的MIF并且未来不会再增加，同时遵照ICA的方法重新界定MIF
		2011年：禁止商户额外收费，且限制对特定支付工具的折扣	
			2014年：ICA开始调查Consortium Bancomat为PagoBancomat的账单支付交易设定每笔0.1欧元的借记卡交换费是否违反了反垄断法
	西班牙	2005年：西班牙竞争法庭否定了国内银行卡组织统一制定交换费的安排。在西班牙工业、旅游和贸易部的协调下，西班牙的银行卡组织与商户达成降低交换费的协议 2009年：国家竞争委员会（CNC）理事会认为通过研究系统内成本从而确定交换费上限的方式是不合适的 2010年：CNC理事会宣布银行卡组织交换费上限的协议于年底到期，之后其可自由设定交换费水平，不过仍然需要保持较高的透明度 2011年：允许商户额外收费 2014年：政府批准对交换费设定上限：不超过20欧元的交易，借记卡费率为0.1%，信用卡费率为0.2%，超过20欧元的交易，借记卡费率为0.2%和0.07欧元中的较小者，信用卡费率为0.3%。这个上限只适用于"四方模式"	
	荷兰	1997年：允许商户额外收费	
		2014年：万事达向荷兰消费者和市场局（ACM）承诺其将把国内信用卡支付的交换费率逐步由0.9%降至0.3%	2004年：由于密码借记卡的商户手续费过高，荷兰竞争局（NMA）对Interpay以及其成员银行进行罚款 2005年：NMA撤回对Interpay的指控，但维持对银行的罚款
	奥地利	2003年：奥地利卡特尔法庭判定Europay Austria滥用市场支配地位，在商谈支付卡合同条款时联合几乎所有的奥地利银行形成非法的卡特尔组织，形成过高的交换费	

洲	国家	信用卡	借记卡
欧洲	奥地利	2006 年：奥地利银行考虑设定交换费，并宣称交换费将被降低，此外，其采取措施推动 Europay Austria 和 VISA Austria 在收单领域形成真正意义上的竞争 2007 年：Europay Austria 向奥地利最高法庭上诉。最高法庭维持了卡特尔法庭的判决，并指出 Europay Austria 在不正当竞争行为期间存在"不当得利"，将对其的罚款金额从 500 万欧元增加至 700 万欧元 2011 年：禁止商户额外收费但允许其提供折扣	
	比利时	2006 年：比利时竞争理事会接受了 Banksys 的承诺并结束了对其进行的在电子支付服务和借记卡终端市场涉嫌滥用市场支配地位的调查（始于 2000 年）。Banksys 承诺将对支付终端和收单服务分别商定合约，放松终端租赁协议的退出条款，以及降低价格 2011 年：允许商户额外收费	
	丹麦	1990 年：确定支付工具法（The Act of Certain Payment Instruments），规定丹麦银行在国内发行的国际品牌信用卡和借记卡的商户手续费上限 2011 年：允许商户额外收费	1990 年：确定支付工具法将 Dankort 的客户交易费设定为零 2003 年：修订后的法律允许商户手续费为正，同时将 Maestro 和 VISA Electron 的费率从 0.75% 降至 0.4%，最高不超过 4 丹麦克朗。 2005 年：将 Dankort 的收费形式改为向零售商收取年费
	希腊		2008 年：希腊竞争委员会接受了希腊银行的承诺，其承诺从 2010 年 8 月 1 日起降低交换费水平以及向消费者和商户收取的佣金
		2011：禁止商户额外收费但允许其提供折扣	
	匈牙利	2006 年：匈牙利的反垄断部门（GVH）考虑干预支付卡市场。它们认为与成本相比交换费制定得过高，特别是借记卡交换费。同时它们认为发卡机构针对自身收单和他人收单时的价格歧视对于发卡市场的竞争具有负面影响	
		2008 年：GVH 对一些信用卡公司进行反垄断调查，包括万事达、VISA 以及 POS 运营商，GVH 认为其在定价过程中涉嫌合谋 2009 年：GVH 判定万事达、VISA 以及一些主要商业银行在制定交换费过程中形成非法的卡特尔组织，并对其罚款	
		2011 年：允许商户额外收费，但对不同支付工具有不同的要求 2012 ~ 2013 年：国民经济部、匈牙利国家银行与 GVH 合作起草了关于规制交换费的议案。提交给国会的附加修正案中将借记卡和信用卡交换费上限分别设定为 0.2% 和 0.3%	

续表

洲	国家	信用卡	借记卡
欧洲	拉脱维亚	2011 年：拉脱维亚竞争理事会裁定 22 家商业银行违反竞争法并对其罚款，原因是这些银行参与多边交换费的协定。禁止商户额外收费但允许其提供折扣	
	波兰	2007 年：波兰竞争和消费者保护办公室（OCCP）命令银行停止多边交换费的协定 2008 年：竞争和消费者保护法庭（CCCP）推翻了 OCCP 的决定，CCCP 认为 20 家银行协议形成固定的费率水平并没有违反欧盟反垄断法，也没有违反国内的相关规定 2010 年：上诉法庭（the Court of Appeal）撤销了 CCCP 的判定，并令其再审 2011 年：允许商户额外收费 2012 年：波兰国民银行（NBP）颁布《波兰银行卡费用削减计划》，旨在通过非规制的方式促成信用卡和借记卡交换费率的降低。由于缺乏足够的参与，该计划宣告失败，NBP 便转向通过立法程序降低交换费率 2014：支付服务法的修订案生效，规定各类支付卡的最高交换费率为 0.5%	
	罗马尼亚	2011 年：罗马尼亚竞争委员会（RCC）展开一项针对四个领域的部门调查，其中包括支付卡交换费的设定。禁止商户额外收费但允许其提供折扣 2013 年：RCC 发布调查报告，指出罗马尼亚国内万事达与 VISA 的交换费高于其他欧洲国家 2014 年：罗马尼亚财政部提出对借记卡和信用卡的多边交换费分别设定 0.2% 和 0.3% 的上限	
	爱沙尼亚	2011：允许商户额外收费 2012 年：在银行多次削减交换费之后，爱沙尼亚竞争管理局终止了对银行卡交换费的诉讼程序	
	芬兰	2000～2010 年：芬兰竞争管理局开始对 EMV 卡交换费（0.31%）展开调查，因为传统的磁条卡每笔交易向商户收取交易费仅为 0～0.05 欧元	
		2011 年：允许商户额外收费，但额外收费金额必须合理且不能超过收款人的实际成本	
	保加利亚	2011 年：允许商户额外收费，但对不同支付工具有不同的要求	
	塞浦路斯	2011 年：允许商户额外收费，但对不同支付工具有不同的要求	
	捷克	2011 年：允许商户额外收费	
	爱尔兰	2011 年：允许商户额外收费	
	立陶宛	2011 年：禁止商户额外收费但允许其提供折扣	
	卢森堡	2011 年：禁止商户额外收费但允许其提供折扣	
	马耳他	2011 年：允许商户额外收费	
	葡萄牙	2011 年：允许商户额外收费，收费金额由立法或收款人确定	
	斯洛伐克	2011 年：额外收费和折扣被限定于只针对某些特定支付工具	

续表

洲	国家	信用卡	借记卡
欧洲	斯洛文尼亚	2011 年：允许商户额外收费	
	瑞典	1995 年：允许商户额外收费 2011 年：禁止商户额外收费但允许其提供折扣	
	瑞士	2005 年：允许商户额外收费	
		2005 年：瑞士竞争委员会与发卡机构商定将交换费从 1.65% ~ 1.70% 降至 1.30% ~ 1.35% 2009 年：委员会再次针对 VISA 和万事达的信用卡交换费展开调查 2010 年：委员会设定 2010 年的交换费上限为 1.058% 2011 年：委员会将交换费上限降至 0.990%	2009 年：委员会针对 Maestro 的交换费展开调查 2010 年：委员会针对万事达借记卡在国内的回退交换费（fallback interchange fee）展开调查 2011 年：竞争委员会秘书处结束了先前的调查，得到的结论是 Maestro 可能违反了卡特尔法，而万事达借记卡则可能还在一定的限度之内，例如其市场份额不足 15%，单笔交易的平均交换费不超过 0.20 瑞士法郎
	挪威	2004 年：在财政部的倡议下，挪威金融监管局（Kredittilsynet）成立了一个项目组专门汇报挪威国际支付和信用卡市场的竞争状况 2005 年：挪威中央银行在其 2005 年年报中提出考虑将交换费纳入监管	
亚洲	中国	1999 年：中国人民银行下发文件设定刷卡手续费标准，并设定手续费分配比例 2004 年：中国人民银行下发文件调整刷卡手续费标准，设定了发卡行和清算机构服务费标准 2013 年：发改委下调刷卡手续费，设定发卡行和清算机构服务费标准，设定收单行服务费基准价	
	印度		2012 年：为了促进借记卡的使用，印度储备银行将借记卡商户扣率上限设定为 2000 卢比以下 0.75%，2000 卢比以上 1%
	韩国	2005 年：韩国公平贸易委员会判定 BC 卡对商户手续费的集合定价是卡特尔行为，对其处以 100.92 亿韩元的罚款并责令其整改 2011 年：金融服务委员会（FSC）公布了改革信用卡市场结构的综合方案，其中包括改革定价体系 2012 年：国民大会（National Assembly）批准了信用金融法的修订案，于 2013 年 1 月生效。本次修订要求信用卡公司针对年收入低于一定水平的商户采用特殊商户费率（由 FSC 决定）	

续表

洲	国家	信用卡	借记卡
亚洲	以色列	1993年：允许商户额外收费，但到2005年，大多数商户仍不额外收费，一些高折扣零售商提供现金折扣	
		2006年：以色列反垄断法庭与银行达成协议降低其交换费率，由1.25%降至0.875%	
		2011年：信用卡公司接受了反垄断法庭计算交换费的方法，并同意将交换费率由0.875%降至0.7%	
	土耳其	2005年：土耳其竞争局（TCA）针对Interbank卡中心（BKM）收取成员银行的清算佣金率作出决定，对其计算费率的公式（实际上由BKM委托咨询公司计算）作出某些规定	
		2009年：BKM希望得到针对其制定集合信用卡交换费率的无限期豁免，但是TCA决定一次豁免只能持续三年，并且需满足一定的条件	
	新加坡	2013年：新加坡竞争委员会（CCS）裁定VISA的多边交换费方案不违反新加坡竞争法案	
非洲	南非	2004年：国家财政部和南非储备银行的任务组建议南非竞争委员会审查国内支付体系治理与运行中存在垄断的可能性 2006年：竞争委员会针对银行收费以及支付系统接入展开公共调查 2008年：调查报告公布并建议相关部门对交换费的设定进行监管 2014年：南非储备银行确定了不同情况下（例如是否是EMV卡等）借记卡和信用卡的交换费水平，于2015年1月生效	

资料来源：http：//kansascityfed. org/publicat/psr/dataset/pub – auth_ payments_ var_ countries_ August2014. pdf.

2. 基于平台经济理论的分析

公共部门对于银行卡产业定价的干预主要集中在两个方面：一是针对银行卡组织的集合定价机制，认为这是涉嫌滥用市场支配权力，制定过高的交换费；二是针对"禁止额外收费"规则，认为这是强加给商户的限制，从而限制了竞争。[①] 至少从平台经济理论的角度来看，我们认为上述两方面干预或许存在一些问题。

（1）集合定价。传统观点认为，与发卡机构和收单机构通过两两协商的方

---

① 另一个被诟病较多的是"接受所有卡"规则，不过鉴于其并不算是定价问题，故在这里没有讨论。

式制定价格相比，集合定价有助于降低银行卡产业的交易成本（Baxter，1983）。但这种从成本角度考虑问题的思路很容易使得分析进入误区。集合定价有可能会造成银行卡组织的垄断定价，从而对银行卡产业的整体运行效率以及社会福利带来负面的影响，如果与节约的成本相比较，这种负效用更显著的话，那么似乎就意味着集合定价总体上看是对社会不利的。特别是，从现有的研究能力来看，产业经济学对于垄断造成的福利损失已有一些基本的衡量方法，而新制度经济学对于交易成本的节约则基本上很难测算。这造成人们的关注点或许更多地集中在垄断定价。传统微观经济学告诉我们，如果通过保持卡组织成员之间的竞争，从而形成大致等于服务成本的费用水平，则可以消除由于垄断所带来的潜在效率损失。

不过上述这种分析思路具有很强的误导性，而换种思路来分析是有帮助的。银行卡集合定价与银行卡组织的存在实际上是连在一起的。平台经济理论研究告诉我们，平台之间往往缺乏互联互通的内在动力（Doganoglu and Wright，2006），我国银行卡产业互联互通的实践经验也证明了这一点。这意味着如果没有银行卡组织的集合定价机制，银行卡产业联网通用的局面将很难实现，除非政府出面定价。这意味着我们不能在既有的产业格局中考虑如果允许竞争定价会如何，因为如果真的允许竞争定价，那么产业格局将会发生彻底改变。依旧回到交易成本的概念，这意味着问题的关键不在于这种交易成本究竟有多大，而在于由于存在很高的交易成本，现有的银行卡产业格局将很难形成。因此，我们需要比较的是存在卡组织情况下的银行卡产业与不存在卡组织情况下的银行卡产业之间究竟哪一个更有利于增进社会福利。

从另一个角度再来看这个问题或许能够更清楚地理解问题的本质。银行卡产业是典型的平台型产业，消费者与商户之间形成典型的双边市场格局，在这个双边市场中，间接网络外部性是最需要考虑的因素，平台可以通过结构化的定价使得这种外部性内部化，在银行卡产业中，这种内部化正是通过交换费的形式来实现，以上基本是人们目前的共识。问题在于，在这个双边市场中，究竟谁是平台？实际上，为消费者和商户提供交易平台的是包括成员机构在内的整体银行卡组织，而并非是其中的主导者和清算组织（如 VISA、万事达等）。只要成员机构提供的是针对同一种卡产品的服务，那么对它们便应视为共同经营一个平台。在这种情况下，一个平台的价格结构如何制定自然需要平台成员通过某种机制集体商定。事实上这对现有产业组织理论带来很大的挑战，因为在其中"企业"的概念以及边界可能需要重新被考虑。

以上分析均表明，对于目前的银行卡产业格局来说，探讨交换费集合定价的好坏似乎意义不大，因为市场还并未真正探索出切实可行的取代集合定价的其他定价方式。又或者干脆用政府定价来取代市场定价，目前这在许多国家正在实践。

由于银行卡产业存在网络外部性，银行卡组织之间的市场竞争程度不可能很高，换句话说，每一个银行卡组织必然拥有一定的市场势力。这意味着集合定价很有可能演变为垄断定价，从而带来效率损失。不过在双边市场中，价格结构通常不反映成本结构，而是为了更好地平衡市场交易者的需求，这样便很难通过某一边的价格来判断其定价是否缺乏效率。当然，总体上平台对服务定价过高可能会减少刷卡交易量，从而降低整体社会福利。但即便如此，应如何去改进呢？如果用政府定价取代市场定价，那么便面临一个问题，到目前为止还没有理论能够明确指导社会最优定价，双边经济理论目前只能告诉我们确定最优定价很难，需要考虑很多特殊的因素，传统的产业组织理论应用于此将存在问题，仅此而已。即便是目前实践中普遍采用的依据成本定价以及依据"商户无差异测试"定价，都面临着成本难以核算的问题。并且即便政府探索出了某种"最优"费率计算公式，并据此指导定价，那么仍存在一些严重的问题。第一，如果市场环境变化致使许多成本发生了改变（实际上始终在变化），如技术的变化或支付习惯的改变等，政府定价能否作出及时的调整？第二，是否应促进银行卡产业的持续创新以提供更好、更有效率的支付服务，如果是的话应如何促进？

事实上，市场定价（集合定价）不见得是最优解，但一定是次优解，与政府定价容易僵化定价机制相比，市场能够更灵活地探索合适的价格水平。过高定价可能会存在，但通过促进银行卡组织间的竞争，过高定价的局面将有望得到缓解。更重要的是，从动态发展的视角来看，市场可以提供更多的激励以推动产业的创新发展，即便是存在垄断的情况下。① 因此或许正如前文所述，与关注交换费高低相比，这些收入如何被有效使用以推进支付网络建设对于社会福利来说或许更加重要。

（2）"禁止额外收费"。

从效率角度看，如果商户对刷卡消费额外收费，必然会降低银行卡的使用程度。然而从公平角度讲，"禁止额外收费"规则确实可能造成持卡消费者享受了来自现金等非卡支付消费者的交叉补贴（Gans and King, 2001）。因此，对"禁止额外收费"的指责更多的是针对公平而非效率。

对于这个问题，我们认为应该视情况而定。在银行卡产业的发展期，由于网络外部性的存在，并且持卡人在整个银行卡网络中具有举足轻重的地位，"禁止额外收费"有助于银行卡的普及。特别是如果允许额外收费，则交换费便可能呈中性，这意味着试图将网络外部性内部化的交换费机制将可能失去效力，不利于银行卡产业的发展。

但是当市场处于成熟期时，由于网络外部性已经充分地显现，此时"禁止额外收费"对于效率提升的帮助或许就不如其带来的利益冲突问题更加引人关注。从实践上来看，在此阶段普遍出现了对该规则的废除或变相废除。实际上，在成熟期，即便允许商户额外收费，由于其能够充分认识到接受刷卡消费对其带来的益处，商户会更灵活地选择经营策略，而并不一定将其缴纳的服务费完全转嫁给刷卡消费者，这种灵活性在一定程度上有助于竞争和效率提升。

---

① 无论是早期熊彼特的理论，还是后期的新增长理论都将垄断利润视为企业家不断创新的动力。特别是熊彼特的一些见解更具启发性，他认为传统经济学过多地关注垄断者在其面临的需求曲线上如何选择对其最有利而对社会来讲不利的定价，而并没有意识到垄断者首先需要自己创造出一条对其有利的需求曲线（熊彼特，2013）。事实上这对于我们理解平台型产业的外部性十分有帮助。

三、基于平台理论看我国银行卡定价机制的转变

（一）我国银行卡产业的发展历程及现状

我国的银行卡产业是随着改革开放的步伐发展起来的。1979 年 10 月，中国银行广东省分行与香港东亚银行签署协议，代办其信用卡业务，从此信用卡在中国出现。1985 年 3 月，中国银行珠海分行发行我国第一张信用卡——中银卡，标志着我国的信用卡诞生。从信用卡的诞生到现在短短的三十余年间，中国银行卡产业大致经历了三个重要的发展阶段。

第一阶段：金卡工程实施前（1985～1993 年）。

1985 年中国银行发行的第一张信用卡面世，拉开了我国银行卡发行的序幕。1986 年中国银行在北京推出了长城卡，1987 年中国工商银行发行牡丹卡，紧接着中国建设银行和中国农业银行发行各自的银行卡，分别命名为龙卡和金穗卡。随着四大国有商业银行发卡量的增长，我国银行卡产业发展不断加快，截至 1993 年底，全国银行卡发卡量累计达到 400 万张，交易金额突破 2000 亿元。与此同时，各商业银行的电子化建设也同时起步，计算机业务处理系统被建立起来，从而为银行卡业务的发展奠定了一定的基础。

第二阶段：金卡工程实施期间（1994～2002 年）。

1993～1996 年，是我国银行卡产业的初步发展阶段，不仅国有商业银行各分支机构在大中城市独立发展银行卡业务，股份制银行也纷纷加入发卡行列。为改变各行发卡、各自为政的现状，促进银行卡的联网联合，实现 POS 机、ATM 机与网络资源共享，改善用卡环境，信息交换中心的开通为各商业银行拓宽银行卡市场提供了公共的网络平台，各地银行卡发卡量、POS 和 ATM 受理网点数量和覆盖范围也大大增加，1995～2001 年银行卡发卡数量增加 3.7 亿张，增长超过

26 倍，交易金额增加 7.4 万亿元，增加超过 7 倍。2001 年，中国人民银行印发《2001 年银行卡联网联合工作实施意见》的通知，要求各商业银行发行的银行卡必须在卡正面指定位置印刷统一的"银联"标识，加入全国银行卡跨行交换网络的 ATM、POS 等终端机具，必须能受理带有"银联"标识的银行卡。相关技术标准的统一使得我国银行卡发卡规模、特约商户数、机具设备数量呈几何倍数增长，大大提高了产业运行效率，加快实现全国银行卡联网联合。

第三阶段：银联成立后（2002 年至今）。

2002 年 3 月 26 日，经国务院同意，在人民银行的直接领导和 80 多家金融机构共同发起下，在合并原有银行卡信息交换中心的基础上成立了中国的银行卡联合组织——中国银联。至此我国银行卡产业发展有了强大的发展支撑平台，对我国银行卡产业发展起着划时代的重要意义。通过中国银联和各商业银行的共同努力，联网通用"314"目标在 2002 年底基本实现。2003 年全国地市级以上城市联网通用基本实现。同时，中国银联联合各商业银行开始建立并完善各项规范标准的推广实施机制和工作流程，并在受理环境建设、银行卡跨行交易风险管理等多方面逐渐形成了制度化的合作机制。2004 年，中国自主银行卡品牌——银联标准卡正式诞生。经过近些年的高速发展，银联网络已遍布中国城乡，并已延伸至亚洲、欧洲、美洲、大洋洲、非洲等境外 150 多个国家和地区。2005 年 4 月27 日，人民银行、财政部等九部门联合发布了《关于促进银行卡产业发展的若干意见》，明确提出要完善实施人民币银行卡技术标准，加大我国人民币银行卡技术标准的推广发行力度。近些年，银行卡产业的市场化步伐也在加快。2010年人民银行公布了《非金融支付服务管理办法》，放开了银行卡收单市场。2013年，中国人民银行出台了《银行卡收单业务管理办法》，同时废止有关银行卡"联网通用"的 5 套规范性文件，标志着我国银行卡产业进入了更加市场化、多元化的新发展阶段。2015 年 6 月 1 日《国务院关于实施银行卡清算机构准入管理的决定》正式实施，2016 年 6 月央行和银监会发布了《银行卡清算机构管理办法》，至此，银行卡市场化取得实质性突破，银行卡产业将由"政府主导"的发展模式逐步转向"市场主导"。

经过三十余年的发展完善，我国银行卡从各自独自发卡的分散状态，到金卡工程初步联网联合的实施，最后经过全部的联网通用，形成了我国具有自主知识产权的银联标准卡。关于这期间银行卡产业运行机制的变迁可见表3－4。

表3－4　我国银行卡产业运行机制变迁

	金卡工程实施前	金卡工程实施期间	银联成立后
银行卡发行	各商业银行	各商业银行	各商业银行与金融机构
网络建设	发卡行自行构建	金卡中心	银联统一规划与实施（包括网络的新建、扩建与改建及对原来各商业银行网络系统的整合）
收单业务	发卡行	发卡行	收单机构（发卡行、银联分公司、银联商务公司及部分专业化服务企业）
成本分担与收益分配	发卡行自行承担成本，并分享收益	按一定形式分担	成本在各发卡行、银联与收单机构间分摊，收益按一定比例在上述经济主体间分配
激励机制	发卡行有足够的激励拓展市场，获取收益	发卡行有动力布放POS机，拓展业务	各相关主体的激励机制严格依赖于收益分配机制的设计

资料来源：引自张嫚和于葳（2006）。

银联产生以后我国银行卡产业的集聚规模快速增长，国际竞争力不断加强。这体现在如下几个方面：

第一，银行卡发卡量呈几何级增长。截至2015年末，全国累计发行银行卡54.43亿张，其中，借记卡累计发卡50.10亿张（见图3－6），信用卡和借贷合一卡累计发卡4.32亿张。

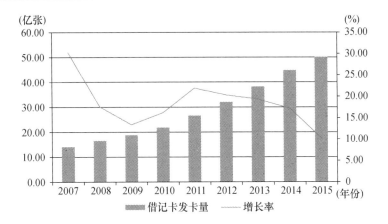

图 3 - 6   2007~2015 年全国借记卡发卡情况

资料来源：中国人民银行历年支付体系运行总体情况。

第二，基础设施投放不断加强，银行卡受理环境得到大幅提升。近几年来，中国人民银行通过发放相关牌照引入 200 余家专业第三方服务公司，通过市场开发、促进市场有序竞争，完善了特约商户体系建设，有力改善了银行卡受理市场环境。截至 2015 年末，银行卡跨行支付系统联网商户 1670.00 万户，联网 POS 机具 2282.10 万台，ATM 机 86.67 万台，每台 ATM 机对应的银行卡数量为 6279 张，每台 POS 机具对应的银行卡数量为 238 张（见图 3 - 7）。

第三，交易总量增长迅速。随着经济的发展、用卡环境的改善和用卡意识的提高，银行卡交易量逐年攀升。2015 年，全国共发生银行卡交易 852.29 亿笔，金额 669.82 万亿元（见图 3 - 8）。日均 23350.41 万笔，金额 18351.23 亿元。其中，银行卡存现 91.92 亿笔，金额 70.97 万亿元；取现 184.21 亿笔，金额 73.15 万亿元；转账业务 285.86 亿笔，金额 470.70 万亿元；消费业务 290.30 亿笔，金额 55.00 万亿元。

第四，业务创新层出不穷，创新支付应用不断扩大。随着互联网技术的发展和手机移动支付的发展，银行卡创新支付应用不断扩大。国内商业银行电子银行

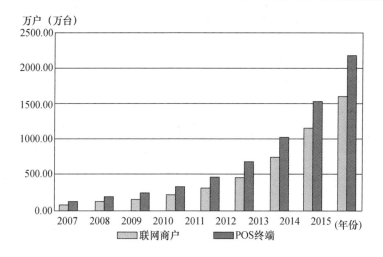

图3-7 2007~2015年全国联网商户及POS终端数量

资料来源：中国人民银行历年支付体系运行总体情况。

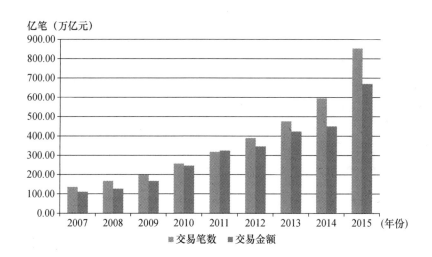

图3-8 2007~2015年全国银行卡交易笔数及金额

资料来源：中国人民银行历年支付体系运行总体情况。

领域的竞争促进了互联网支付的高速发展，智能手机领域的发展也带动了"二维码支付"、"NFC近场支付"等创新支付功能的出现。

不过即便如此，我国银行卡产业的发展水平与发达国家相比仍存有相当大的差距，我国的银行卡产业仍处于发展期。这主要表现为"四低"，即特约商户普及率低、人均持卡数量低、持卡人三个月平均用卡次数低以及银行卡现金渗透率低，见表3-5。不仅如此，我国银行卡发展水平的地区差异也十分明显（见图3-9、图3-10），而且农村地区银行卡服务水平总体偏低。

表3-5 中美韩三国银行卡产业指标对比（2013年）

指标	中国	美国	韩国
人均持卡量	0.29	2.9	2.1
持卡人三个月平均用卡次数	2	28.5	10.8
特约商户普及率	10%	100%	87%
现金渗透率	10%	30%	20%

资料来源：引自闫靖宇（2014）。

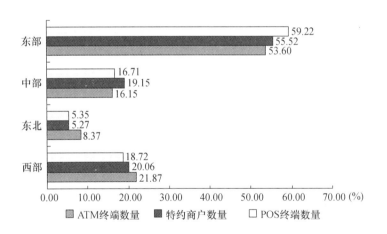

图3-9 我国银行卡受理环境区域分布情况（2012年）

资料来源：引自中国支付清算协会《中国支付清算行业运行报告（2013）》。

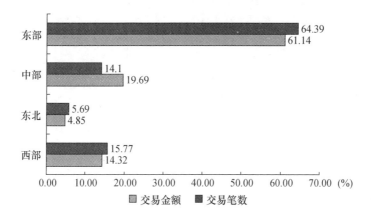

图3－10　我国银行卡交易占比区域分布（2012 年）

资料来源：引自中国支付清算协会《中国支付清算行业运行报告（2013）》。

（二）我国银行卡产业定价机制演变

结合我国银行卡产业发展阶段的划分，我国银行卡产业定价机制的演变大致也可以分为三个阶段。

第一阶段为1993 年以前的自主定价阶段。在银行卡起步初期，人民银行在银行卡管理方面几乎没有制定统一的标准，商业银行的发卡和收单业务呈分散状态，结果就是发卡银行同时也是收单银行，商户的刷卡手续费采取的是各个商业银行自主定价的模式，发卡银行具有定价主动权。各家银行为扩大本行持卡用户，在发行借记卡上是不收年费的，在信用卡年费收取上，各家银行制定的收费标准不同，此外各家银行的 ATM 机在办理本地本行的取款业务时也是免费的。此阶段还没有 POS 机的出现，并且 ATM 机也不能跨行或跨地区清算。

第二阶段为1993 ~ 2004 年，此阶段实行的是以人民银行规定的银行卡收费标准为指导、多方参与收益分配的浮动定价模式，值得注意的是此阶段是规定下限的浮动定价。为了规范市场发展、维护市场竞争秩序，我国从 1993 年起开始出台相关规定确定银行卡手续费的最低收取标准，同时，由于跨网联合通用的发展，由联合清算组织承担具体清算，发卡行和收单行开始有了初步的分离，这样便由发卡行、收单机构和联合清算组织按一定比例进行利益分配，各地根据情况可以在不低于最低标准的基础上浮动定价。1993 年起开始施行的《信用卡业务管理暂行办法》分行业对信用卡交易回扣比率规定了统一的下限标准，具体标准见表3－6，境内银行与境外银行签订信用卡代理协议时，其利润分配比率需按国内银行与境外银行分别占特约商户所交回扣的 37.5% 和 62.5% 执行。1996 年开始实施的《信用卡业务管理办法》取消了手续费下限的行业区分，统一规定人民币信用卡费率不得低于交易金额的 2%，而境外机构发行、在中国境内使用的信用卡不得低于交易金额的 4%，对境内银行与境外机构的利润分配比率维持37.5% 和 62.5%。1999 年人民银行发布《银行卡业务管理办法》（以下简称《办法》），规定宾馆、餐饮、娱乐、旅游等行业手续费不得低于交易金额的 2%，其他行业不得低于交易金额的 1%。同时，由于发卡机构、收单机构和联合清算组织功能定位的分离，《办法》规定对于未建信息交换中心的城市，发卡行和收单行按9:1 比例分配手续费，但商业银行也可以通过协商，实行机具分摊、相互代理、互不收费的方式进行跨行交易；而对于已建信息交换中心的城市，则发卡行、收单行、信息交换中心按 8:1:1 的比例分配。商业银行代理境外银行卡收单业务应当向商户收取结算手续费，其手续费标准不得低于交易金额的 4%，利润分配比率为 37.5:62.5。此外，《办法》对从 ATM 机跨行取款的手续费和利润分配机制也做了相应规定。随着人民银行相应管理办法不断完善，规范的定价机制促进了银行卡产业的发展。

表3－6　人民币信用卡业务不同行业最低回扣比率（1993 年）

行业	回扣率（%）
饮食、服务（指餐馆、文娱场所）	2.5
旅馆、饭店	3
百货	1
铁路	1

续表

行业	回扣率（%）
民航	1
工艺、美术品	4
其他	1

第三阶段为 2004 年以后，其特点是定价的市场化探索与政府控制相结合。为进一步促进收单市场的发展、提高收单市场的竞争化程度，2004 年《中国银联入网机构银行卡跨行交易收益分配办法》修改了此前的定价机制，改为规定交换费及其分配比例而放开商户手续费，即对发卡行收益和银联网络服务费实行政府定价，固定了相应的收费比例，但同时允许收单机构根据市场发展的需要自主确定其与商户的手续费定价，具体定价标准见表 3－7。这一定价模式对扩大收单市场规模，培育市场用卡环境和受理环境建设起到很好的推动作用。除了商户手续费准许收单机构自行定价外，在一些其他定价方面，市场也开始逐步进行差异化的探索。从 2005 年开始，四大国有银行和两家大型股份制银行陆续对银行卡收取年费，每卡收取 10 元年费，而其余股份制银行和城商行为了扩大用卡客户，有的没有收取年费，有的按日均存款余额超过一定比例给予免除年费等。在 ATM 机跨行转账、取现方面，各家银行收费也开始出现分化，四大银行依然收取费用，但其他小型股份制银行则尝试免收相关费用。2013 年，国家发展改革委为落实《国务院办公厅关于印发降低流通费用提高流通效率综合工作方案的通知》，发布了《关于优化和调整银行卡刷卡手续费的通知》，一方面简化商户分类，适当下调部分偏高刷卡手续费标准；而另一方面其定价机制又出现一些改变，主要表现在对收单服务费采取政府指导定价，具体定价标准见表 3－8。

表 3－7　POS 机跨行交易商户结算手续费标准（2004 年）

商户类型	发卡行收益	银联网络服务费
宾馆、餐饮、娱乐、珠宝金饰、工艺美术品	1.4%	0.2%

互联网时代的银行卡产业变革

商户类型	发卡行收益	银联网络服务费
一般类型商户	0.7%	0.1%
房地产、汽车销售类	0.7%，最高40元	0.1%，最高5元
批发类	0.7%，最高16元	0.1%，最高2元
航空售票、加油、超市等	0.35%	0.05%
公立医院和公立学校	暂不参与收益分配	暂不参与收益分配

表 3-8   银行卡刷卡手续费标准（2013 年）

商户类别	发卡行服务费	银行卡清算组织网络服务费	收单服务费基准价
餐娱类：餐饮、宾馆、娱乐、珠宝金饰、工艺美术品、房地产及汽车销售	0.9%，其中房地产和汽车销售封顶60元	0.13%，其中房地产和汽车销售封顶10元	0.22%，其中房地产和汽车销售封顶10元
一般类：百货、批发、社会培训、中介服务、旅行社及景区门票等	0.55%，其中批发类封顶20元	0.08%，其中批发类封顶2.5元	0.15%，其中批发类封顶3.5元
民生类：超市、大型仓储式卖场、水电煤气缴费、加油、交通运输售票	0.26%	0.04%	0.08%
公益类：公立医院和公立学校	0	0	按照服务成本收取

注：①单店营业面积在100（含100）平方米以下的餐饮类商户按一般类商户标准执行；②未在表中列出的行业按照一般类商户标准执行；③收单服务费标准为基准价，实际执行中可以此为基础上下浮动10%。

2016 年，为了进一步降低商户经营成本，扩大消费，引导银行卡经营机构提升经营管理水平和服务质量，增强竞争力，促进我国银行卡产业持续健康发展，国家发展改革委和中国人民银行联合发布了《关于完善银行卡刷卡手续费定价机制的通知》。其中在定价机制方面包含多项重大改变，市场化的方向凸显，具体定价标准见表3-9。

表 3-9　银行卡刷卡手续费项目及费率上限

序号	收费项目	收费方式	费率及封顶标准
1	收单服务费	收单机构向商户收取	实行市场调节价
2	发卡行服务费	发卡机构向 收单机构收取	借记卡：不高于 0.35%（单笔收费金额不超过 13 元）
			贷记卡：不高于 0.45%
3	网络服务费	银行卡清算机构 向发卡机构收取	不高于 0.0325%（单笔收费金额不超过 3.25 元）
		银行卡清算机构 向收单机构收取	不高于 0.0325%（单笔收费金额不超过 3.25 元）

（三）长期以来（2016 年前）存在的问题及挑战

1. 长期以来银行卡产业定价中存在的问题

我国原有的银行卡价格机制基本上还是在产业发展初期确定下来的，当时主要针对受理市场较小的情况而制定，随着市场的发展，银行卡交易定价机制中的一些问题逐渐暴露出来。

第一，中国银联长期以来定位与职责模糊。中国银联从成立初始就与政府有着千丝万缕的联系。具体来说，一方面，银联的性质是现代股份制金融企业，以追求盈利为目标，以银行卡组织的身份参与银行卡产业的运行与利益分配；但另一方面，它隶属于央行，具有监督和平衡国内银行业市场的功能，它的经营宗旨以及政府对它的期望使其具有明显的社会与行政职能。这种定位不清晰直接导致中国银联运营中的错位，使其难以真正将卡组织职能准确行使到位。特别是在定价方面，作为银行卡组织，银联长期以来缺乏真正的定价权，使其难以针对市场情况灵活设计、调整价格结构。

第二，定价中商户分类存在漏洞。长期以来，我国刷卡交易的定价结构是结合国内实际情况，针对不同行业的商户盈利能力采取不同的收费标准。在产业发展初期，这种分类定价对于调动收单机构拓展各类市场具有积极作用，但后来则存在两方面问题：一是我国在定价中商户区分较粗且缺乏对划分标准的有效说明，而且 MCC 分类也基本上是借鉴美国，而事实上中国的实际结构与之存在差别；二是随着我国收单市场的放开，大量支付机构的进入使得行业监管出现困难，分类定价的漏洞被放大，各类商户间手续费的较大差别致使"套码"现象屡禁不止。

第三，缺乏不同产品类型的差别定价。与国际上均是对借记卡和信用卡消费收取不同的交易价格相比，我国的银行卡手续费长期以来对信用卡消费和借记卡消费实行统一定价，但其实信用卡与借记卡的成本构成存在较大差异。从管理成本的角度来看，借记卡管理成本较低，而信用卡的管理成本则包括风险管理、资信调查、坏账处理、代付资金等，管理成本较高；从转接成本来看，借记卡交易为单信息交易，边际成本较低，而信用卡是双信息交易，边际成本较高；从消费信贷角度来看，借记卡刷卡消费当天借记持卡人账户，而信用卡提供循环信贷，信用风险成本较高。由此可以看出，借记卡的单位交易成本明显低于信用卡。统一定价不能合理反映两种类型银行卡的差异成本，这会造成借记卡费率偏高，信用卡费率偏低的局面。

2. 可能对银行卡产业发展带来的挑战

（1）市场效率。银行卡产业定价问题带来的最直接影响便是产业效率的损失，进而会影响整体社会福利。在银联身上体现出的行政干预与市场发展的衔接问题，妨碍了银联的市场化转型，使其应对市场环境变化的适应能力受到影响，这从其在市场发展初期未能有效满足互联网支付机构需求的事实中便可看出；同时缺乏足够的定价权也使得日益发展的多元化转接模式对银联的收益来源带来很大冲击。作为国内占据绝对重要地位的银行卡组织，银联发展受限也必然意味着银行卡产业的发展将受到极大制约且会更加无序。商户分类不合理以及之间价差过大必然催生套利行为，不仅有碍于整体市场的规范有序，而且也会使得大量资源被耗费在套利与监管的博弈中，而非用于提升银行卡产业效率。借记卡和信用卡统一定价虽然会拉低信用卡的费率水平，但会提升借记卡的费率水平，这种明显有悖成本结构的定价结构必然会带来效率损失。

（2）利益协调。银联定位与职责的模糊也容易引发它与其他市场主体之间的矛盾，这些矛盾源于两方面原因。第一，银行卡组织的一个重要职责便是协调银行卡产业中各市场主体之间的利益，而这主要体现在定价沟通协调机制上。但以往在我国，通过定价进行利益协调的职能却落在了距离市场更远的政府身上，这不仅不利于银行卡组织和政府之间各自比较优势的发挥，而且在政府定价的框架下，银联协调各方利益的能力也大大受限。第二，由于银联的成立和长期以来的发展均带有强烈的行政色彩，这有碍于其自身的市场化转型，因此随着市场化改革的深入，依赖行政手段的惯性思维可能也会阻碍其利益协调能力的提升。

（3）风险安全。风险安全方面的考虑主要有两个：一是在借记卡、信用卡统一定价模式下，信用卡的定价水平明显偏低，不足以覆盖其风险。虽然长期以来信用卡坏账风险控制较好，但随着银行卡产业达到一定的规模，随着市场化程度的逐步提升，精细化定价必然是产业发展的趋势，而届时统一定价模式必将不利于信用卡风险的有效控制。实际上伴随着清算市场的放开，这种发展局面将会加速到来。二是由于技术创新使得银行卡产业正在经历巨变，各类新型支付终端因为技术规范和商业模式不成熟等原因而存在诸多问题和风险。在此背景下，如果政府定价过高，则容易造成利益协调问题且不利于银行卡的普及；相反，如果政府定价过低，则又会造成银行及银行卡组织缺乏应对市场变化、提升新技术环境下支付安全性的动力。

（4）国家利益。从各国银行卡产业发展经历看，VISA 等跨国银行卡组织依托半个世纪取得的市场地位，垄断了全球银行卡跨境转接清算市场，获得了大部分国家和地区银行卡市场主导权，并使其本土品牌走向消亡。因此 2016 年 6 月银行卡清算市场正式的放开虽然利好消费者，但也为国际卡组织抢占中国市场创造了条件。虽然国际卡组织暂时无法撼动银联在国内市场的地位，但这些卡组织具有更加丰富的适应各国市场的经验，这点同样体现在其灵活的定价机制上；相比较而言，银联在发展过程中其市场竞争力并没有得到真正的检验，至少在定价方面，由于始终没有真正独立的定价权，造成其更多地扮演执行者，最多是建议者而非决策者。这意味着即便其现存的市场地位或许足以保证其在一定时期内可以与国际卡组织有效对抗，但是其如果依然长期受制于政府管控而始终无法在竞争中提升其自身定价能力的话，那么当最终定价被迫放开时，其很可能会沦为跨国组织全球支付网络中的一个部分。如果这种情况果真发生，则不仅不利于国家金融安全，而且也不利于人民币"走出去"。

（四）对 2016 年银行卡定价机制调整的评论：基于平台经济理论的分析

除了大幅度降低费率水平以及重新放开收单市场外，与之前的银行卡定价机制相比较，发展改革委和人民银行 2016 年 3 月的调整在诸多方面具有突破性。

第一，首次采取了国际主流的费率上限管理的方式，这意味着政府已将其自身的角色定位于防止市场势力的滥用，而非取代市场决定价格。从效率的角度来看，理论界较主流的观点仍然是赞同市场定价，即由银行卡组织领导的集合定价机制，但同时通过引入足够的竞争来避免过高定价。银行卡组织领导的集合定价机制，特别是交换费模式或许并不一定是理论上的绝对最优机制，但却是次优机制，至少是到目前为止国际银行卡产业探索出来的最优定价机制。但从国际经验来看，政府为了推动银行卡产业的发展，也在更加普遍地选择对定价进行干预。

从公平的角度来看，理论界也已经进行了一些探索，并提出了"商户无差异测试"等概念，问题的关键在于如何将理论应用于实践。从国外来看，国际卡组织诸如 VISA、万事达等纷纷在探索如何基于"商户无差异测试"进行定价，这在一定程度上表明银行卡组织或许并非如一些人所认为的只是追求自身的垄断利益，而同样也在试图平衡各方面的关系。事实上更好地协调市场主体之间的利益关系从长远来看更有利于银行卡组织自身的发展。

总之，与政府相比，银行卡组织距离市场更近，对市场的反应也更敏感，因此无论是定价高低还是分类标准等问题，交由其来负责商定或许更加合适。当然，如果考虑到银行卡组织可能会站在银行的立场上滥用其市场势力，政府也可选择站在大众的立场上对银行卡产业进行干预，但即便在上限管理的情况下让卡组织自行定价仍然是较好的选择。

第二，取消商户分类。平台经济理论告诉我们，为了平衡双边市场，平台在定价时需考虑诸多因素，其中最重要的是两边市场的需求弹性与间接网络外部性强度，这实际上为差别定价提供了理论基础。如果不同商户类型及规模、不同卡种的需求弹性或间接网络外部性强度不同，则考虑差别定价是合理的。

但无论差别定价是否合理，事实上其就是一种价格歧视行为，这与单边市场中的价格歧视是相同的。而成功执行价格歧视的一个基本条件便是可以对市场进行有效的区分。现有银行卡产业出现的如"套码"等一些乱象，实际上根源便在于区分市场、防止从价差中套利的成本过高。从交易成本（包括谈判、监督成本等）的角度看，取消商户分类或许是个替代性的选择，但如果再综合考虑需求弹性、间接网络外部性强度等因素，则不见得是最优解决方案。从国际经验来看，VISA 等银行卡组织同样会对商户进行分类，这也说明按商户分类定价存在合理性。问题的关键还在于市场本身的特质（或许有的市场好区分，有的不好区分）以及银行卡组织自身区分市场的能力。

第三，对于借记卡、贷记卡实行差别定价。事实上相比于按商户分类定价，按卡种分类定价更多地被理论界所关注，而研究结果几乎清一色地支持"借贷分离"，不论是从银行卡组织的利润最大化，还是从社会福利最大化的角度来看均是如此。在信用卡发展初期，"借贷统一"的定价模式一定程度上推动了信用卡的普及，但是随着银行卡产业规模及市场化程度到达一定水平，依然维持"借贷统一"的定价模式必然存在问题：一方面，如果政府依然强制要求借记卡和信用卡费率统一，那么在竞争日趋激烈的情况下，二者间成本的差异势必会使得借记卡费率偏高、信用卡费率偏低的局面越发凸显，这会造成信用卡风险的累积，当然也有可能出现试图绕过规则的变相差别定价，不过即便如此也会有损效率；另一方面，在政府并不强制要求费率统一的情况下，如果某一银行卡组织自行实行统一定价，由于逆向选择的存在，其必然会在竞争中落败。

虽然此次定价机制调整可谓是向前迈了一大步，但进一步调整的空间仍然存在。

第一，定价体系与商户交易规模仍然缺乏联系。我国现行的银行卡商户扣率制度基本上与商户银行卡交易规模无关，均按照统一的费率进行定价。这在产业发展早期可行，此时商户银行卡交易量相对较低，商户银行卡交易手续费支出占其经营成本的比重还微不足道。但随着我国市场化程度的提高，竞争尤其是服务业的激烈竞争使得商户利润率相对下降，而刷卡用户的逐渐增多又使得银行卡手续费成本的比重逐渐上升，刷卡手续费越发蚕食商家的利润，这会影响商户受理银行卡的积极性。特别是对于交易规模大、刷卡消费金额占其消费金额比重大的商户来说，这种线性定价模式缺乏足够的激励机制，将难以有效调动商户受理银行卡的积极性，不利于受理商户普及率的提升。

第二，在定价过程中还可给予卡组织更大的灵活性。随着清算市场的放开，国内的银行卡组织将会直接与 VISA、万事达等强大对手展开竞争。从平台经济理论来看，国内卡组织一方面应充分利用其在国内已有的网络规模，充分发挥网络外部性的作用，促使其自身网络以及竞争优势的自我强化；而另一方面考虑到竞争对手具有丰富的经验和极强的竞争力，为避免出现竞争过程中利润损耗的局面，在经营过程中应注意保持其服务的独特性和差异性，这需要对未来的竞争格局以及自身的定位具有前瞻性的认识。从定价角度来看，国际卡组织的定价更为灵活，不仅收费项目较多，通常采取两部制定价，并且其对借记卡、贷记卡甚至对同一卡种下不同的卡产品设定了不同的交换费率，比较而言一直以来国内价格体系则过于简单粗放。不过更重要的是，由于长期实行政府定价或政府指导价，国内卡组织在针对市场定价方面缺乏足够的经验，同时长期以来也并未有其他卡组织给其带来实质性的竞争，造成其也缺乏应对市场竞争的经验。因此需尽快培育国内卡组织应对市场竞争的能力，这又着重体现在其针对市场的定价能力上。基于国际竞争的考虑，应进一步将定价权交还市场。

不过，政府对银行卡产业进行合理监管、维护市场竞争秩序、保护消费者及商户权益还是有必要的。应促进银行卡组织之间的公平竞争，防止其滥用市场支配地位实施排斥竞争对手的行为，但鉴于银行卡产业存在网络外部性，对市场结构不应过分干预。规范支付机构经营，防止其侵犯消费者及商户的合法权益，对于支付机构违反银行卡组织规则的行为，原则上应由银行卡组织或成员银行自行对其进行管理并承担后果。加强对银行卡产业相关机构业务运营风险的监管，防止由于相关机构运营不当而引发系统性风险。

第三，应重视线上支付带来的挑战。国内支付市场在经历卡片取代现金的"银行卡支付"时代之后，正逐步向电子信息取代卡片的"无卡支付"时代发展，可以说，银行卡支付创新的方向，就是对银行卡实体介质的替代。随着互联网支付技术的不断发展，"无卡支付"将成为未来银行卡市场的主流。在技术创新与市场需求的推动下，渠道、介质、交易等支付要素融合发展，使支付工具功能日益叠加、边界日益模糊。短期来看，互联网支付的兴起带来了线上线下两个市场，传统的线下模式并不能很好地适应线上支付，而线上收单又相对容易渗透到线下，造成银行卡产业原有秩序被破坏；但长期来看，无卡支付取代银行卡支付是大势所趋，这意味着互联网支付带来的将是银行卡产业格局的一次彻底重塑。因此传统的银行卡组织并不能简单地斥责原有秩序被破坏，而应主动求变以适应新技术的环境。实际上，从平台经济的角度来看，这是一个平台融合的过程，在此过程中，谁能依托其在原有市场中的支配地位向另一个市场延伸，则会在平台融合的过程中占据主动。因此，从策略上看，这不仅要求平台企业必须主动求新求变以适应市场环境的变化，提供更多样的产品或服务以吸引不同市场中的用户，而且这种融合也需要平台企业针对线上线下市场统筹制定定价策略，使得整体的价格结构不仅能有效地满足不同市场的需求，并且还要能够避免市场秩序受到严重的冲击。

实际上，我国在互联网支付领域才刚刚起步，无论是技术规范还是商业模式都存在诸多问题，出于提升支付效率和安全的考虑，银行以及卡组织应担负起完善支付网络、提升支付效率及安全性的责任。因此正如 Verdier（2010）的研究所暗示的，政府在此阶段对于银行卡产业市场主体（既包括传统的卡组织、银行，也包括新兴的支付机构）进行评价、监管或支持时，重点不应仅仅局限在费率水平上，而更多地应放在其是否将交换费收入有效用于推进更高效、更安全、更能适应互联网时代的支付网络建设上。应引导市场统筹线上线下定价，允许探索更安全高效的"线上交易"形式。应引导银行卡组织及相关机构依据自身协调、管理能力,自行探索统筹线上线下的定价方法,逐步实现"线上、线下"交易规则并轨。鼓励相关机构完善"线上交易"的技术手段与运作规则,在保护消费者及商户利益的前提下,对相关产业主体在探索更安全高效的支付形式及产业组织运营形式过程中可能出现的一些问题,应保持一定的政策容忍度。

参考文献

〔1〕 Armstrong M. , Wright J. , "Two – sided markets with multihoming and exclusive dealing", IDEI Working Paper Diw, 2004.

〔2〕 Armstrong M. , "Competition in two – sided markets", *Rand Journal of Economics*, 2006, 37 (3): 668 –691.

〔3〕 Balto D. A. , "The problem of interchange fees: Costs without benefits?," *European Competition Law Review*, 2000, 21 (4): 215 –223.

〔4〕 Baxter W. F. , "Bank interchange of transactional paper: Legal and economic perspectives", *Journal of Law and Economics*, 1983, 26: 541 –588.

〔5〕 Belleflamme P. , Eric Toulemonde. *B2B marketplaces: Emergence and entry*, Social Science Electronic Publishing, 2004.

〔6〕 Bolt W. , Schmiedel H. , "Pricing of payment cards, competition, and efficiency: a possible guide for SEPA", *Annals of Finance*, 2013, 9 (1): 5 –25.

〔7〕 Borestam A. , Schmiedel H, " Interchange fees in card payments", ECB Occasional Paper, 2011 (131) .

〔8〕 Bradley G. Hubbard, " The Durbin Amendment, two –sided markets, and wealth transfers: an examination of unintended consequences three years later," SSRN Working Paper, 2013, http: //papers. ssrn. com/sol3/papers. cfm? abstract_ id =2285105.

〔9〕 Caillaud B. , Jullien B. , "Chicken & egg: Competition among intermediation service providers", *RAND Journal of Economics*, 2003 (34): 309 –328.

〔10〕 Carlton D. W. , Frankel A. S. , "The antitrust economics of credit card networks: Reply to Evans and Schmalensee comment", *Antitrust Law Journal*, 1995 (63): 903 –915.

[11] Chakravorti S. , "How do we pay," Federal Reserve Bank of Dallas Financial Industry Issues, 1997.

[12] Chakravorti S. , "Theory of credit card networks: A survey of the literature", *Review of Network Economics*, 2003, 2 (2): 50 –68.

[13] Chakravorti S. , "Shah A. Underlying incentives in credit card networks", *Antitrust Bull*, 2003 (48): 53 –57.

[14] Chakravorti S. , Roson R. , "Platform competition in two – sided markets: The case of payment networks", *Review of Network Economics*, 2006, 5 (1): 118 –140.

[15] Choi J. P, "Tying in two – sided markets with multi – homing", *The Journal of Industrial Economics*, 2010, 58 (3): 607 –626.

[16] Doganoglu T. , Wright J. , "Multihoming and compatibility", *International Journal of Industrial Organization*, 2006, 24 (1): 45 –67.

[17] Ernst, Young, "Survey of retail payment systems", Chain Store Age, 1996.

[18] Evans D. S. , "The antitrust economics of Multi – Side platform markets", *Yale Journal on Regulation*, 2003 (20): 325 –381.

[19] Frankel A. S. , "Monopoly and competition in the supply and exchange of money", *Antitrust Law Journal*, 1998 (66): 313 –361.

[20] Gabszewicz J. , X. Wauthy, "Two – sided markets and price competition with multi – homing," CORE Discussion Paper No. 2004/30, 2004.

[21] Gans J. S. , King S. P. , "The role of interchange fees in credit card associations: competitive analysis and regulatory issues", *Australian Business Law Review*, 2001, 29 (2): 94 –123.

[22] Gans J. S. , King S. P. , "Strategic manipulation of interchange fees in credit card associations", Mimeo, 2002.

［23］Gans J. S., King S. P., "Approaches to regulating interchange fees in payment systems", *Review of Network Economics*, 2003, 2 (2).

［24］Hagiu A., "Plafforms, pricing, commitment nad variety in two – sidde markets", Disesrtation of Ph. D, Princeton Univer – siyt, 2004.

［25］Hayashi F., "The new debit card regulations: Initial effects on networks and banks", *Federal Reserve Bank of Kansas City in its Journal Economic Review*, 2012 (4): 90 – 91.

［26］Hayashi F., Maniff J. L., "Interchange fees and network rules: a shift from antitrust litigation to regulatory measures in various countries", *Payments System Research Briefing*, 2014 (Oct): 1 – 5.

［27］Katz M. L., Shapiro C, "Network externalities, competition, and compatibility", *The American Economic Review*, 1985, 75: 424 – 440.

［28］Katz M: "Reform of credit card schemes in Australia II," Reserve Bank of Australia: Sydney, 2001.

［29］Leinonen H, " On the efficiency of multilateral interchange fees (MIFs) – how to price cash and cards in order to promote payment effi ciency," BoF Online No. 4, Financial Markets and Statistics, Bank of Finland, 2007.

［30］Manenti F. M., Somma E., "Plastic clashes: Competition among closed and open payment systems", "Marco Fanno" Working Papers, 2010, 79 (6): 1099 – 1125.

［31］Poolsombat R., Vernasca G., "Partial multihoming in two – sided markets", Discussion Papers, 2006.

［32］Rochet J. C., Tirole J., "Cooperation among competitors: some economics of payment card associations", *Rand Journal of Economics*, 2002, 33 (4): 549 – 570.

［33］Rochet J. C., Tirole J., "Platform competition in two – sided markets", *Journal of the European Economic Association*, 2003 (1): 990 – 1029.

［34］Rochet J. C., Tirole J., "Two – sided markets: an overview", *Toulouse*,

2004, 51 (11): 233 – 260.

[35] Rochet J. C. , Tirole J. , "Externalities and regulation in card payment systems", *Review of Network Economics*, 2006 (5): 1 – 14.

[36] Rochet J. C. , Tirole J. , "Tying in two – sided markets and the honor all cards Rule", *International Journal of Industrial Organization*, 2008 (26): 1333 – 1347.

[37] Rochet J. C. , Tirole J, "Must – take cards: Merchant discounts and avoided costs", *Journal of the European Economic Association*, 2011, (3): 462 – 495.

[38] Rohlfs J. , "A Theory of interdependent demand for a communications service", *Bell Journal of Economics & Management Science*, 1974, 7 (1): 16 – 37.

[39] Roson R. , "Auctions in a two – sided network: the market for meal voucher services", *Networks & Spatial Economics*, 2005, 5 (4): 339 – 350.

[40] Rysman M, "An empirical analysis of payment card usage", *Journal of Industrial Economics*, 2007, 55 (1): 1 – 36.

[41] Schmalensee R, "Payment systems and interchange fees", *Journal of Industrial Economics*, 2002, 50 (2): 103 – 122.

[41] Schwartz M. , Vincent. D. R. , "The no surcharge rule and card user rebates: vertical control by a payment network", *Review of Network Economics*, 2006 (1) .

[42] Valverde S. C. , Chakravorti S. , Fernandez F. R. , "Regulating two – sided markets: An empirical investigation", *Federal Reserve Bank of Chicago*, 2009.

[43] Verdier M. , "Interchange fees and incentives to invest in payment card systems", *International Journal of Industrial Organization*, 2010, 28 (5): 539 – 554.

[44] Verdier M. , "Interchange fees in payment card systems: asurvey of the literature", *Journal of Economic Surveys*, 2011, 25 (2): 273 – 297.

[45] Wright J. , "The determinants of optimal interchange fees in payment systems", *Journal of Industrial Economics*, 2001, 52 (1): 1 – 26.

[46] Wright J, "Optimal card payment systems", *European Economic Review*,

2003，47（4）：587-612.

[47] 程贵孙、陈宏民、孙武军：《双边市场视角下的平台企业行为研究》，《经济理论与经济管理》2006 年第 9 期。

[48] 程贵孙、孙武军：《银行卡产业运作机制及其产业规制问题研究——基于双边市场理论视角》，《国际金融研究》2006 年第 1 期。

[49] 程贵孙：《平台型网络产业的微观结构、特征及竞争策略》，《华东师范大学学报》（哲学社会科学版）2010 年第 6 期。

[50] 高孝森、童牧、陈俊：《垄断竞争市场下的中国银行卡产业收单费定价研究》，《首都经济贸易大学学报》2011 年第 1 期。

[51] 郭丽丹：《双边市场平台企业的策略及相关反垄断问题研究》，东北财经大学硕士学位论文，2007 年。

[52] 纪汉霖、王小芳：《双边市场视角下平台互联互通问题的研究》，《南方经济》2007 年第 11 期。

[53] 纪汉霖、张永庆：《用户多归属条件下的双边市场平台竞争策略》，《经济问题探索》2009 年第 5 期。

[54] 李允尧、刘海运、黄少坚：《平台经济理论研究动态》，《经济学动态》2013 年第 7 期。

[55] 陆伟刚、张昕竹：《双边市场中垄断认定问题与改进方法：以南北电信宽带垄断案为例》，《中国工业经济》2014 年第 2 期。

[56] 骆品亮：《商户联盟与 Hotelling 竞争下支付卡交换费的比较分析》，《复旦学报》（自然科学版）2005 年第 6 期。

[57] 孟昌、翟慧元：《网络产业组织中的双边市场研究：文献述评》，《北京工商大学学报》（社会科学版）2013 年第 1 期。

[58] 牛慕鸿：《银行卡支付系统的信息成本、兼容使用及交换费——基于同一双边市场平台的借记卡与信用卡竞争研究》，《金融研究》2010 年第 8 期。

[59] 王文祥：《境内人民币银行卡清算组织的发展及其产业政策研究》，江西财经大学博士学位论文，2012 年。

［60］闻中、陈剑：《网络效应与网络外部性：概念的探讨与分析》，《当代经济科学》2000 年第 6 期。

［61］熊彼特：《资本主义、社会主义与民主》，杨中秋译，电子工业出版社2013 年版。

［62］胥莉、陈宏民、林采宜：《国外银行卡 POS 交易价格形成机制及其启示》，《国际金融研究》2006 年第 8 期。

［63］徐晋：《平台经济学——平台竞争的理论与实践》，上海交通大学出版社 2007 年版。

［64］许玉海、董维刚、孙佳：《产业间平台合作下的双边定价机制研究——基于对固有收益影响的分析》，《中国工业经济》2011 年第 7 期。

［65］闫靖宇：《我国银行卡产业发展比较研究》，河南科技大学硕士学位论文，2014 年。

［66］杨冬梅：《双边市场：企业竞争策略性行为的新视角》，《管理评论》2008 年第 2 期。

［67］岳中刚：《银行卡产业规制研究探析》，《外国经济与管理》2006 年第3 期。

［68］张嫚、于葳：《从银行卡产业的运行机制看"银商纠纷"的制度根源》，《财经问题研究》2006 年第 4 期。

［69］中国支付清算协会：《中国支付清算行业运行报告（2013）》，http：// www. pcac. org. cn/file/File/1404045282. pdf。

［70］钟伟、谢婷：《信用卡定价模型的新近进展及其比较研究》，《学术月刊》2006 年第 9 期。

［71］朱彤：《外部性、网络外部性与网络效应》，《经济理论与经济管理》2001 年第 11 期。

［72］朱振中、吕廷杰：《双边市场理论研究综述》，《经济学动态》2006 年第 2 期。